小店越开越旺

君淮◎著

黑龙江教育出版社

图书在版编目（CIP）数据

小店越开越旺 / 君淮著. -- 哈尔滨：黑龙江教育出版社，2017.10（2018.6重印）
（读美文库）
ISBN 978-7-5316-9433-5

Ⅰ. ①小… Ⅱ. ①君… Ⅲ. ①商店 - 商业经营 - 通俗读物 Ⅳ. ①F717-49

中国版本图书馆CIP数据核字（2017）第175514号

小店越开越旺
Xiaodian Yuekai Yuewang
君　淮　**著**

责任编辑　宋怡霏　张　鑫
装帧设计　久品轩
责任校对　赵婷婷
出版发行　黑龙江教育出版社
（哈尔滨市群力新区群力第六大道1305号）
印　　刷　保定市西城胶印有限公司
开　　本　880 毫米 × 1230 毫米　1/32
印　　张　7
字　　数　140千
版　　次　2017年10月第1版
印　　次　2018年6月第2次印刷

书　　号　ISBN 978-7-5316-9433-5　　**定　　价**　26.80元

黑龙江教育出版社网址：www.hljep.com.cn
如需订购图书，请与我社发行中心联系。联系电话：0451-82533097　82534665
如有印装质量问题，影响阅读，请与我公司联系调换。联系电话：010-64926437
如发现盗版图书，请向我社举报。举报电话：0451-82533087

前　言

Preface

开家小店，当自己的老板，是许多人的梦想。

小店成本小，见效快，风险低，是投资创业的最佳选择之一。开好一家小店既可以安身立业、养家糊口；也可以作为未来发展的一段人生经历。

然而开店不难，开一家财源茂盛、赢利滚滚的旺铺，也不是一件容易的事情。有一句名言：“如果你爱一个人，就给他一笔钱，让他去开店吧；如果你想害一个人，也送给他一笔钱，让他去开店吧”。可见，开店并非稳赢不可的“宝大祥”。开店不仅辛苦，更是一门学问。从开店必备的基本条件、前期的市场调研、项目的选择、店址的选取、店面的装修、资金的使用、商品的采购、商品的促销、小店团队的管理、小店的口碑与宣传、线上与线下的结合……哪个环节都马虎不得，所以，我们有必要对开店的每个细节都认真思考和准备。

或许你为了发展自己的事业，已经开了一家小店。但是顾客越来越少，利润越来越薄，对于一个刚刚开张的店铺来说，怎样才能在自己经营的利润空间里分到一块蛋糕，生存下去并且发展，也是需要你一直思考的问题——这才是开店的根本所在。

开店虽然有风险，但只要经营有道，懂得管理，成功的先例不胜枚举。比如石家庄经济学院的大学生许熠，利用微信卖水果就赚取了滚滚利润，月收入数万元，获得了“水果哥”的称号，还打造了属于自己的创业团队。

这里不得不提到互联网时代给小店带来的新机遇和新挑战。如今，越来越多的人选择将小店开在各种线上平台上，这样小店可以不用通过信息中介直接向顾客传播信息，顾客也可以直接向小店反馈信息；顾客之间可以直接传播信息，而不再是相互隔绝的……小店还可以通过微博、微信等手段传播自己，形成自己的口碑，促进销售……可以说，互联网思维是每一位创业者都必须重视的，将极大地影响小店的成功率。

本书根据开店的经营流程和运作程序，结合当下现实，多层次多角度地揭示了店铺兴隆的秘诀和艺术，帮你在竞争激烈的市场中打造自己店铺的招牌，创出自己店铺的特色，开一家越来越旺的赚钱小店，实现赚钱致富的梦想！

目 录

Contents

第一章 小店越开越旺的 6 个新思维

线下和线上的联合经营 / 003

找对方法，门口就有钱赚 / 007

开一家赚钱的淘宝小店 / 010

天天刷微信，你开微店了吗 / 013

微博是品牌推广的优良平台 / 016

APP 成就店铺的“二次创业” / 020

第二章 小店开张三部曲：资金、商圈、特色

把每一分钱都花在刀刃上 / 025

不能忽略店址选择的个别因素 / 029

小店选址的 4 个常见误区 / 034

打造特色小店，店内风格要统一 / 039

店面形象要出新，别在店外设计上省钱 / 046
装扮小店的橱窗，让人一见就想进去 / 052

第三章 管店抓好三件事：采购、销售、售后
采购技巧需要多培训 / 059
不能放松货品查验这根神经 / 063
销售商品定价有讲究 / 069
盘点时不能让肉烂在锅里 / 074
热情服务招揽回头客 / 079
不能把顾客的投诉当找茬 / 085

第四章 销售做好三件事：引流、展示、导购
新店开业是营销的最佳时机 / 093
不要老套：营销方式要努力创新 / 097
商品陈列不能一成不变 / 102
不能忽视了关联品陈列 / 107
别让简陋的试衣间断送了商机 / 112
主动进行顾客开发，不能坐等 / 118

第五章 口碑营销必杀技：话题、传播、服务
制造一些供大家谈论的话题 / 125
越有趣，越赚钱 / 127
使信息传播得更快、更广 / 129
重视评论，客户评论的传天下 / 133
关注且感谢那些谈论你的人 / 135
请求大家传播口碑 / 138

第六章　小店零成本宣传绝招：微信、微博、APP

给小店做个网站，全方位展示自己 / 143

扩大交际面，多派发名片 / 145

微博是推广的好工具 / 148

微信宣传效果显著 / 150

借助电子邮件广告 / 153

借助 QQ、淘宝旺旺 / 155

第七章　小店也要带团队：选人、用人、管人

店员招聘远离“关系户” / 161

不能让新人轻易流失 / 168

店员队伍要尽力稳定住 / 173

落后员工更需要激励 / 176

管理因人而异，不要粗放 / 180

把冲突变成促进团结的机会 / 184

第八章　小店不败的两大法宝：财务管理、安全管理

现金为王，管理要慎之又慎 / 191

合理且最大化地利用营运资金 / 195

成本控制做到锱铢必较 / 198

员工安全防范要处理好细节 / 203

不要大意：安全防火不是儿戏 / 207

店铺必须维护顾客的购物安全 / 212

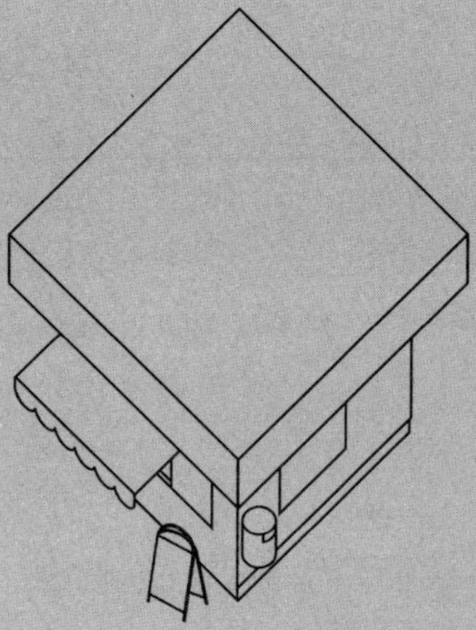

第一章

小店

越开越旺的 6 个新思维

“打工不如开店”，在商业气息日益浓厚、人才竞争日益激烈、就业环境日趋严峻、生存压力越来越大的今天，开店成为很多人的创业首选。但互联网时代商业形态和格局正发生着翻天覆地的变化，要想把小店开旺，就必须紧跟时代的脉搏，积极接受、消化新思维。

线下和线上的联合经营

互联网时代的到来让商业形态和格局发生着翻天覆地的变化，店铺这一古老的生意卖场也随之发生了巨大的变化，店铺类型、开店方式、经营手段等都与过去不可同日而语。O2O曾经是电子商务里一个连概念都不太明确的新生术语，如今也引入到店铺经营中。O2O到底是什么？在百度百科中，O2O的释义十分简单易懂，即英文Online To Offline的缩写，中文可翻译为从线上到线下。也有人将其解释为将线下商务的机会与互联网结合在了一起，让互联网成为线下交易的前沿阵地。

在实际运营操作中，O2O应用很广，且根据实际情况灵活转化，从而达到快销的最佳效果，许多在淘宝、微信上设店的店家，同时也为同一批客户做着线下服务，这是十分正常的现象。

概括而言，目前开店形式不外乎这几种：线上开店（网络店铺）、线下开店（地面实体店），以及两者不同程度地联合经营。

线上开店就是把互联网作为展示自己商品的平台，为自己的商品寻找买家。线上开店具有手续简便、投资小、回收快、风险低、节约

资金、营业时间不受限制、地理位置不受限制、店面大小不受限制等优势，是一种前卫的开店方式，备受年轻一族的追捧。

线上开店不用租店面，就可以开店；不用大额投资，不用大量进货（甚至可以先销售后进货），就可以开始销售；不用雇用营业员，就可以每年365天、每天24小时营业；不用花费大笔钱做广告宣传，全国各地的消费者都可以看到并购买到你的商品……这在前些年听起来还如同神话故事一般，如今却已成为现实。随着互联网应用越来越普及，网络正在以惊人的速度渗透到普通人的生活当中，网站销量傲人，线上开店已经成为一种潮流。

对于线下实体店，不用多介绍，几乎所有人都知道。选一块地段不错的门面，进行一番装修，拿到营业执照，招几个店员，进一批货品，就可以开张营业了。

“开店”二字看似简单，然而其中却深藏经营和管理的学问和技巧。开店创业不难，人人都可开，但是要想开一家财源茂盛、赢利滚滚的旺铺，则是需要花费精力去琢磨思考的。天下店铺多得不可胜数，但是能开一家口碑好、有影响力的百年老店却不易。同样是线上开网店，有的开成皇冠网店，日访问量过万，有的则成为无名小店，很少有人问津；同样是开实体店，有的开得风生水起、门庭若市，有的则冷冷清清、门可罗雀。

线上开店虽然具有手续简便、投资小、风险低等优点，但在具体操作过程中却有很多细节讲究，需要遵循一定的流程，把握好操作中的每一个环节。从上线前的条件准备到注册上线，从进货到定价，从网店设计到宝贝拍摄上传，从在线沟通到打包发货，从宣传促销到风险管理，都需要用心关注。只有每一个流程、每一个环节都不放松、做到位，才能为最后的成交打下基础，才能赢得越来越多顾客的访问，赢得越来越多的订单。

相比于线上开店，线下实体店的经营要复杂得多，涉及的环节和细节林林总总。正所谓麻雀虽小五脏俱全，一个店铺就是一个小企业。因此，店铺的管理就显得非常重要。店址的选择、商品的陈列、货物的盘点、员工的招聘和培训、日常运营、财务整理、商品促销、卫生环境、突发异常事件等，都需要高效规范的管理。管理得当，店铺才能有条不紊，有序运转；管理失当，店铺就难以运营，效率低下，甚至停业关门。管理好店铺是实体店经营体系营利的重中之重，管好店才能开好店，才能把店做精、做大、做强。

随着互联网时代的飞速发展，线上店铺的交易量已经越来越不容忽视。无论你是开店新手，还是开店老江湖，要想开一家赚钱的旺店，就必须紧密结合目前开店的新形势，将线上和线下有机结合起来，并根据自身情况各有侧重，才能抓住时代赋予我们的巨大机遇。

找对方法，门口就有钱赚

本地生活服务是距离消费者最近的行业，也是开店创业的重点，从餐饮、娱乐、家政到社区服务等，本地化服务越来越多。随着互联网的普及、消费观念的升级，互联网变得越来越“生活化”，那么，创业者该如何把握本地市场的需求，进而找到适合自己的创业机会呢？

众所周知，本地化服务的精髓在于客人线上下单，享受最便捷的线下服务，吃住行娱的市场都是本地消费服务业。对客户来说，在附近区域的消费者网上下单后，附近的商家直接按照订单配送就可以了，这种轻资产的运作模式可以有效降低资金投入过高的风险。我们可以毫不夸张地说，这种本地化服务市场正面临着一次井喷，现在正是创业的最好时机。

首先，线上线下结合已经成为了无法阻挡的大趋势，这一点从淘宝的演化史就可以看得很清楚，消费者越来越习惯用互联网来帮助决策与消费。

第二，智能手机的兴起和普及，使得用户通过移动端消费成为可能。

第三，本地服务业的推广费用相对低廉，推广方式也更灵活，对于一般的创业者来说，可行性更高。

在这一创业领域，我们可以找不到不少成功的先行者。下面我们要讲的这个案例是一个赚钱赚到让人眼红的水果摊。生活中卖水果的摊位随处可见，但是下面这家水果摊却通过移动互联网打通了线上线下销售，一举创业成功。

这家水果摊叫小六水果，没有实体店，走的是微营销的路子，最初是微博营销，后来还开通了微信营销。没有实体店，只需要租一个租金相对低廉的仓库周转货品，这样可以省下不少店面的租金，降低经营成本，但这并不是小六水果掘金成功的关键。那么小六水果最具竞争力的经营策略是什么呢？小六水果如何能够做到在公司只有3个人的情况下经过2年的经营库存为0，2014年销售额达到8000万呢？

小六水果从接到订单到订单配送有一套完整的操作流程，而且和常见的先进货后卖货不同，小六水果是先接受订单再进货，之后再发货，这就能够保证每一批进货都能很快出手，从源头上解决了库存和积货的问题了。但这并不是小六水果最精明之处。要知道如果没有订单，那么就不会有之后的进货、发货、送货的事了，所以从最根本上讲，小六水果的成功之处在于他们能够接到订单，而促使客户下订单的最重要的原因又是什么呢？是小六的产品定位。

小六水果和普通的水果摊不同，小六水果不仅水果种类齐全，而且最重要的是他们只卖顶级水果，比如阿克苏苹果、吐鲁番葡萄等，这些顶级水果卖的不仅比市场价要低，而且还送货上门，但是要求200元起送。其实很多客人很难在单一品类上买到200元，不过只要多搭配几种水果就可以了。小六的产品结构就是，由各类顶级水果搭配一部分时令水果。这种200元的客单件不仅能保证不错的销售业绩，还能组合销售，带动各个品类水果的销售。

如此一来顾客在小六水果不仅能够享受到顶级的水果，还能享受送货上门的服务，同样的商品价格又比实体店优惠，客户当然会选择小六水果了！

当然，本地消费创业同样存在着风险，这个领域可能是进入门槛相对容易、失败率却也非常高的一个方向。大多数创业者都败在了对本地消费创业模式的曲解上，创业者们必须认清以下几点：

新的创业平台，我们需要全新的创业路径、全新的玩法。本地生活相关的服务不是一个新鲜的行业，然而这两年的做法与过往已经有了很大的不同：一方面新的平台正在不断涌现，比如微信及公众号，大力推广线下的服务及闭环；另一方面移动互联网大环境也在不断变化，实时、交互、位置都已经细化到人。

口碑的力量，服务质量的绝对保证。本地生活服务是互联网、消费、现代服务行业的结合，有多少创业者能真正意识到这一点？本地生活消费创业中，对于服务质量的要求更高、更严，因为快速传播的互联网让口碑成为了一种真正的力量，口碑可以成就你，也可以毁掉你。

互联网本地消费创业的路径，正在被不断细分。与从前相比，新一波的本地生活服务公司更垂直、更细分，在本地生活的家政、家电维修、家居装修、美容美发等领域，创业者希望面面俱到往往不备讨好，在一个点上深挖可能成功率更高。

开一家赚钱的淘宝小店

当前，中国电子商务市场达到数千亿元规模，然而淘宝则占据了中国电子商务市场大半的江山。淘宝开店也成为了一种可复制、可操作的创业模式，对于那些在淘宝平台上成长起来的商家来说，淘宝如同一个创业孵化器，一批优秀的电商如麦包包、七格格、Mr.ing等店铺借助淘宝平台已经向自主品牌蜕变。

对于年轻的创业者来说，淘宝开店的优势是非常明显的：投资小，运营费用极其低廉。设想一下，仅需少量资金你就可以开一家面向全球的、一年365天不间断营业的店铺，借助发达的现代通信方式和的物流配送体系，就能实现你的创业梦想！但是在创业者匆忙投入之前，我们认为你应该先做好各方面的准备：

第一，你是打算专职还是兼职？这个问题很重要，特别是对于班一族或者学生一族而言，一定要在创业前就想好。如果你目前还没有很好的供货渠道、创业资金也不是很充裕，那么建议你还是兼职起步，等生意走上正轨了再做专职也不迟。

第二，你打算卖什么？每个想淘宝创业的人都不免要遇到这个问题。淘宝就像一个大集市，五花八门，卖什么的都有。你可以根据自己所拥有的资源以及兴趣爱好来决定你售卖的品类。此外，应尽量销售一些价值相对不太高、普通消费者都需要的、对售后服务要求不高的、不容易变质、不需要试穿或试用就能确定是否合适的商品。

第三，找一个品质稳定的进货货源。这是创业者初期遇到的大问题，也是创业成功的第一步。决定了要做什么，接下来就要找货源，稳固、可靠的货源是开好淘宝店的前提条件。

第四步，想办法缓解资金压力。开网店不能所有的商品都要先进货，库存太大不仅资金占用大，很多时候还容易造成库存积压，因为你其实没办法预判顾客到底喜欢哪些产品。因此，你应该尽量减少或没有库存，把心思用在网络产品推广上，顾客订下什么产品才去向商家订购，这一模式可以让网店经营者对资金的需求降低到最小，是真正的人人可开店的无风险创业模式。

第五步，按流程开店。这一步我们就不再细说了，因为现在淘宝有非常流畅的开店系统，没有什么技术问题，基本上是傻瓜开店模式。只需要一两千元，就能够搞定开店并进行简单装修。

第六步，网店做好宣传推广。这一步是非常熬人的，因为新店开张后，需要经过一段较长的积累期，才能有较大流量。但是创业者也不能坐等生意上门，必须做积极的网络推广，从某种意义上来说，网店的宣传推广比实体店铺的推广更为重要。由于资金的限制，你可能没办法参与较多的活动，但是可以采用一些相对低廉的办法宣传，比如可以在各类相关热门论坛发帖。但是无论如何你的宣传文案尤其是标题一定要能吸引人，内容描述要让客户有欲望下单。

第七步，物流配送问题。接到订单后下一步要做的就是发货，这一点很重要。事实上我们可以看到，很多中差评都是由于发货包装不扎实，给货品带来损伤引起的。视物品的情况而定，我们可以用纸箱把产品稳妥包装，里面最好能垫一些缓冲防震材料。尽量与固定的快递公司合作，一方面可以拿到比较低的价格，另一方面也便于处理售后。

第八步，售后服务的解决。这部分对于创业者来说是一个考验，因为网购的性质决定了很多顾客往往是在异地，售后服务费用大而且往返周期很长，情况也更为复杂，因而售后服务是个难点。这也是为什么我们建议最好选择基本无须售后服务的商品，因为售后服务一旦处理不好就会引起顾客投诉，影响店铺信誉!

好了，这8件事如果能够做好，那么你的网店也就有了一个不错的开始。接下去你要做的就是坚持再坚持，只有熬过最初的冷淡期，你才能迎来网店的丰收节!

天天刷微信，你开微店了吗

微信是腾讯公司研发的一款跨平台的通讯工具，支持单人、多人参与传递信息、沟通交流。参与者可通过手机网络发送语音、图片、视频和文字。截至2016年3月，微信已经覆盖中国90%以上的智能手机，月活跃用户达到5.49亿，用户覆盖200多个国家、超过20种语言。此外，各品牌的微信公众账号总数已经超过1000万个，移动应用对接数量超过85000个，微信支付用户则达到了4亿左右。

微信创业开启了移动网络经济时代，伴随着微信的火热而兴起的一种网络创业方式，企业用户可以通过注册微信公众号向订阅自己的用户发布信息，或推广产品。

从目前的情况来看，微信开店的基础是微信支付。店家可以通过公众账号以微信小店的形式售卖商品，实现包括开店、商品上架、货架管理、订单管理、客户关系维护、维权等功能。在微信上开店必须是已通过微信认证、已接入微信支付的服务账号，才可以在服务中心中申请开通微信小店功能。

当买家关注了拥有微信小店功能的公众账号之后，就可以看到售卖的货物品类。“开通微信小店功能后，商家即使没有任何技术开发能力，也可以开启电商模式。”

微信开店上线后，店主就可以对商品进行分类、分区陈列，而一些有开发能力的店主，还可通过API接口的方式，自行开发商铺系统，通过相关的接口权限更方便地管理商品数据等内容，从而具备更多功能。因为微信开店还处于起步阶段，所以在这个领域内，还有很大的经营空间。目前，在微信建站开店，有的商家是免费的，有的收取少量费用，价格从五六百元到几千元不等。

注册微信开网店，需要经过以下一些流程。

1.申请微信公众号

先去微信公众平台申请一个微信公众号（订阅号），提交等待审核，审核时间一般不超过2个工作日。

2.注册一个微订点单系统账号

可以到微订官网注册一个微订账号，这是微店和微信公众号对接的平台，可在里面添加店铺和商品。

3.配置公众号

将审核通过的微信账号在微订系统后台进行“公众号配置”。进入微订系统后台选择“设置”然后点击“公众号配置”，选择“自动配置”输入微信公众号登陆账号和密码，点击立即配置，即完成微订系统和微信公众平台的对接，后续在微订系统后台新建的店铺和商品将展现在微信中。

4.在微订系统后台新建一个店铺

在后台“店铺中心—店铺管理”中点击新建店铺，填写店铺信息，上传店铺LOGO，保存即可完成店铺的新建。

5.在微订系统后台新建商品

登陆后台找到“店铺中心—商品管理”中点击新建商品，填写商品信息并上传商品图片，保存之后你的商品新建就完成了。

6.验证测试

用微信扫描二维码或者搜索公众号查看新建店铺和新建的商品，在手机上进行下单测试，一切正常即可完成开店。

需要注意的是，注册微信公众号时，上传身份证尽量清晰可见，新建商品或者新建店铺时上传的图片尽量小于1M。

个人用户注册微信后，可与周围同样注册的“朋友”形成一种互联，把对方加进自己的朋友圈，也可查看对方朋友圈。个人微信用户可以通过在朋友圈中发布或分享信息，把信息传递给朋友圈中的所有好友。如果某一好友分享了这条信息，那么他的朋友圈中的所有好友也都能看到这条信息，如此传播开来，就像病毒传播一样，因此这种传播方式又被称为病毒式传播。

不要小看这种病毒式营销方式，See Your Story女装在黑龙江地区的一个拓展经理杨泽欣，就在短短的两年时间内，仅凭一部智能手机，一个微信公众号平台，就将See Your Story从一个对黑龙江地区而言的新品牌发展成拥有110家店的知名品牌。

我们针对用户的使用情况分析，微信上不管是点击率还是销售转化率都要比传统的互联网应用高出很多，其中所蕴含的商机更是可想而知。

微博是品牌推广的优良平台

微博，虽然每次只能发布短短140个字的内容，但是其中蕴藏着丰厚的利润。对于创业者来说，如果能够好好利用微博这个平台，就能让店铺依靠微博运营获得意想不到的价值回报。

对于创业者来说，微博是个非常好的营销平台。因为微博用户使用微博的目的主要为记录自己的心情、寻找兴趣相同的群体、讨论共同兴趣的话题等，用户已将微博作为一个即时信息的交流平台，这在培养用户的信任感上具有其他媒体所不拥有的优势。所以，店铺如果在利用微博进行营销的时候，能够每时每刻与顾客在一起，分享生活点滴，传递产品理念，与顾客共度过、共成长，让顾客对品牌产生信任，这就能让店铺受到顾客的喜欢，并让他们最终发展成为店铺的死忠粉。

对于创业者来说，最重要的是寻找自己的用户。而对于店铺来说，获取用户的方式主要有以下3种：

第一种是通过话题找用户

店铺利用微博进行营销，可以利用话题的方式来寻找自己的用户，具体的方式是通过搜索话题直接找到参与话题讨论的人群。比如说，如果你的店铺售卖的是运动服饰产品，作为店主就应该时常关注那些参与“NBA”“世界杯”这类话题讨论的用户，并积极把这些人发展成自己的用户。

第二种是通过标签找用户

所谓的标签指的是每个人自身的特点或者喜好，每个人在注册微博时，都会为自己贴上旅游、美食、数码控等标签，这些标签是用户自身设定的，能够体现出个人的特点。而店铺可以根据微博标签来对用户的特点，比如年龄、身份、职业、爱好等方面进行分析，从中找到可以成为自己店铺用户的目标人群。

第三种是通过微群找用户

所谓的微群就是一群人因为某个共同爱好或感兴趣的话题聚到一起，进行交流和互动的群。店铺可以通过微群讨论的主要话题来判断他们讨论的话题是否和自己的产品有着比较紧密的联系，如果是的话，可以把他们发展成自己的目标用户。

找到了目标用户仅仅是第一步，关键还是要把这些目标用户，也就是所谓的粉丝吸引到店铺的营销与推广中来。对于店铺来说，要想做到这一点，就要从以下4个方面努力：

1.取得粉丝的信任

微博营销最关键的是要取得用户的信任，唯有取得用户的信任才能让粉丝帮助店铺转发相关的店铺信息，从而产生较大传播和营销效果。店铺要取得粉丝的信任，就要不断与粉丝保持互动，同时还要做到经常转发、评论粉丝的微博，在粉丝遇到问题时及时帮助他们解决。这样才能与粉丝结成紧密关系，最终培养出店铺的死忠粉。

2.降低活动参加门槛

店铺常常可以采用举办活动的方式来吸引粉丝的关注，很多粉丝对参加活动有着浓厚的兴趣。然而，很多店铺在举办活动的时候总是会让活动环节变得繁乱，这让很多想参与活动的人止步。所以，店铺在利用微博举办活动时应尽可能做到简单易行，一定要在降低参加门槛的基础上举办活动，这样才能调动粉丝参与的积极性。

3.用悬念激发粉丝兴趣

人都会对有悬念的东西保持浓厚的兴趣，对于店铺经营者来说同样如此，要依靠悬念激起粉丝的好奇心，从而调动粉丝深度参加的兴趣和长时期参与的黏度。对于店铺微博营销来说，悬念能够起到很大的营销效用。所以，店铺经营者要善于利用这种方式来维护自己的粉丝，并借此展开对店铺的营销工作。

4.用奖品来吸引粉丝

店铺在进行微博营销的时候，可以采用奖品促销的方式，用奖品驱动粉丝参与的热情。没有人不喜欢奖品，店铺经营者要善于利用人的这一心理，在利用微博进行营销的时候，以产品来吸引粉丝，让他们积极参与到店铺微博营销中来。

任何一个营销活动想取得成功，都需要花费精力。微博营销同样如此，微博营销的潜力巨大，如果一个店铺没能用它发挥大效用，只能怪自己投入的精力与重视不够多。虽然店铺利用微博进行营销能够收到很好的效果，但是店铺在利用微博进行营销的时候，难免会遇到负面信息，而店铺要善于处理这些负面信息。要合理处理这些负面信息，店铺要做的是第一时间给予关注。第一时间给予关注能够给用户带来被重视的感觉，会让用户对店铺产生一定的好感。同时，要在第一时间与用户接触、沟通与磋商，以寻找解决问题的办法。

APP 成就店铺的“二次创业”

APP是英文Application的简称，特指智能手机的第三方应用程序。在2013年年底，我国手机应用商店的注册用户数达到1.5亿，这一数字无疑投射出我国3G业务市场的迅猛发展，在中国超过9亿的手机用户规模中，手机上网用户已经突破了4.5亿用户，且这一比例还在持续上升。这些数据告诉我们，是否已经进入APP时代虽然还不能妄下断言，但随着智能手机的发展，手机APP已渐渐成为移动互联网营销传播的新渠道，这是不争的事实。而APP营销已经成为现代企业进行营销的一种重要手段，对于店铺营销来说，同样要看到APP营销对于店铺发展的重要意义。

APP营销即应用程序营销，是指通过定制手机软件、SNS及社区等平台上运行的应用程序来开展的营销活动的总称，当前的APP营销多指第三方智能移动平台的应用程序营销。与传统移动媒体营销相比，APP营销拥有无可比拟的优势。传统移动媒体主要是以短信形式为主，让消费者被动的接收产品或品牌信息，而APP营销是企业将产品或品牌信息植于应用制作，通过用户自身主动下载，在使用应用的过程中达到信息传播。这也是店铺要把APP当成店铺营销新渠道的重要原因。具体来说，店铺利用APP展开营销有以下4种好处。

1.精准性高

APP一般都是用户主动下载的，如果用户下载了店铺APP，就说明用户对店铺有兴趣。而APP都会提供分享到微博、人人等社交网站的功能，这就能够影响具有同样兴趣的目标群体。同时，APP还可以通过收集手机系统的信息、位置信息、行为信息等，来识别用户的兴趣、习惯、收入水平等数据。这些数据就能让店铺展开精准营销。

2.用户黏性强

互联网的发展带来了智能手机的飞速发展，手机已经成为现代人生活中不可缺少的一部分，甚至是在上厕所时还拿出手机把玩。被用户下载的店铺APP就会一直在用户的手机里，用户就会经常在翻看手机的时候注意到店铺的APP，这样就能不断加深用户对店铺的印象，从而增强用户黏度。

3.互动性强

APP与以往的营销媒介来说互动性更强，APP具有文字、图画、视频等功能，能够为用户带来前所未有的互动体验。而且，APP还打开了店铺与人的互动通道，通过在内部嵌入社交平台，使正在使用同一个APP的用户可以相互交流，这种互动式的交流能够提升店铺的口碑与用户的品牌忠诚度。

4.便捷性高

与传统营销模式大有不同，运用方便是手机营销的最大亮点。

利用随手就能获得信息的手机APP进行营销，可以让用户轻松接受信息，信息受众面也很广。手机APP软件不再受时间、地点的限制，APP制作能够为企业提供完全契合其产品特点的整套营销推广服务，同时，还能帮助店铺为其进行移动终端的客户管理。对店铺来说，带来的是整套营销APP推广。于客户而言，提供的是便捷的随身服务。从而促使客户与商家之间建立起紧密的联系。

从中我们不难发现，APP营销对于店铺发展具有很大的促进作用，但是店铺要想利用APP营销取得良好的效果，就要注意到三点。

第一点要明白在互联网时代，营销的重点不再是出镜率与知名度，而是趣味与创意，是优质的内容。让用户在快乐和享受当中发现自己的潜在需求，他们自然会选择你的产品。

第二点要频繁地发布一些有趣的段子，并积极和粉丝互动。长期积累下来，已经拥有数量巨大的粉丝。有了这么大的活跃粉丝群，在推出APP或者其他营销项目时，就顺风顺水了。

第三点要在店铺APP营销时适时提醒用户的潜在需求，这种方式更加贴近用户的心理预期，不会产生排斥。同时，广告植入一定要选在能激起用户需求的时刻。要知道，用户喜不喜欢你的产品，不仅取决于他在事实上需不需要你的产品，也取决于他有没有意识到自己需要你的产品。

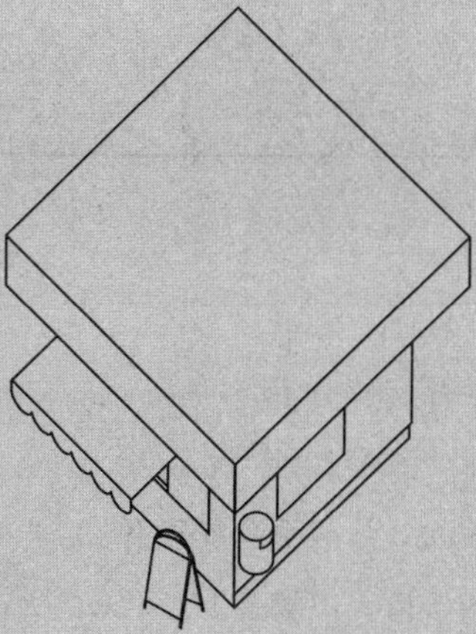

第二章

小店开张三部曲：资金、商圈、特色

开店离不开资金，没有资金就开不成店，必须把资金用在刀刃上。开店要选择好商圈，不管是上万平米的大商场还是十几平米的小便利店，不管是知名的国际连锁店还是初出茅庐的小品牌，选址都是决定其成败的关键一步，位置决定“钱途”。小店还要有特色，有属于自己的氛围，才能吸引人源源不断地前来消费。

把每一分钱都花在刀刃上

决定开店之后，就需要估算开店时在固定设备上所需投入的资金数目。毕竟创业前期期最为重要的是了解和解决财务费用上的需求，它是决定日后创业成败的关键。

陈陈租了一个临街店面，准备开一家三十平米的成人玩具店，主要顾客是年轻白领。成人玩具可以益智，并帮助他们放松心情，陈陈对门店的未来充满自信。

尽管资金有限，但陈陈认为在内部装修上一定不能省钱，于是整体装修用料都是最好的，仅壁纸一项就花了五千多元；朋友给陈陈联系了两台二手收银机，但是却被陈陈拒绝了，新店嘛，要买就买最新型的，于是两台新型收银机又花去了近七千元；开店总得有店员啊，陈陈又一下子招了两名有经验的店员……等到前期准备工作完毕，陈陈的启动资金已经全部花完了，进货款又成了问题，只好东拼西凑少进了一点货。

门店开张后，生意并不好，主要是因为店里可供选购的货品不够多，现在陈陈盼望着赶快把货变现，支付店员工资，然后进更多品种的新货。

在开店的初期，需要耗费的资金相当可观。在筹资的时候，不单考虑到筹资的成本，把这一部分资金算到筹资规模中。如果在开店初期大肆挥霍，则可能造成集资不足或使筹资规模迫不得已扩大。这样就增加了成本，使将来的获利相对减少。

案例中的店主就在开店初期出现了浪费的问题：高价壁纸、新型收银机、雇用两名店员……这些都是可以省俭的，而进货才是大问题。钱要花在刀刃上，对于一个新店来说即使装修的再棒，没有好的商品，仍然无法吸引顾客。

精打细算与节约是做生意必备的两点。要做到精打细算，就要从许多细节上入手。比如开店初期，经营中不会有太大的旺季，许多事情可由店主自己干，这样可以精简大批人员降低成本。有些店必须雇用人的。则要充分利用每个人，合理安排人力资源，使成本降到最低。

装潢

在商店的装潢设计方面，店主最先考虑的是定位及主要客户群；目前店内营业面积至少达到30平方米才能满足消费者购买商品的需求，由此，在装潢上，店内色调必须满足顾客的心理。需要提醒店主的是，对于场地的装修，不仅要从美学角度去设计，而且还要根据实际需要去设计，以免产生不必要的浪费。

冷气

冷气使顾客进入店内后，可以享有清凉的感觉，促使顾客在店内停留较长的时间并购买较多的商品。目前商店使用的冷气有悬吊式和直立式两种。悬吊式冷气优点是不占空间，使店内货架增加，可陈列的商品增多，营业额随之会提升；缺点是冷度较差，价格偏高。直立式冷气优点为冷度较强、价格较便宜；缺点是占空间，如果店内面积不大就会影响商品陈列，以及营业额的提升。以30平方米的营业面积计算，使用悬吊式约需8吨冷气，而直立式约需75吨冷气。

店员

一般店面除了店主本身之外，通常需要在聘请数名工作人员，但工作人员不一定要全部用全职的。例如，一家店需要五名员工，如果其中两名为全职人员，其他三名则在中午与晚餐繁忙时段工作，可省下一笔开支。

水电

在店内的所有工程中，最为复杂、工程品质要求最高的就是水电。在施工期间，从配线、拉管到装开关箱，从送电照明、给水与排水到消防安全，所有过程和材料的品质皆须严格要求，这样整个店才能达到安全、美观、实用的标准。

货架

货架的功能是陈列商品，让消费者在店内很容易找到所需的商品。货架的构成有单面架、双面架、棚板、前护网、侧护、背网、挂勾等，分135厘米和180厘米两种。

收银机

一般一家店需要购买两台，以备其中一台故障时，另一台还可以运作。以上是硬件及设备的投资项目。另外，还有一些项目并未包括在内，例如：贴地砖、拆除墙壁、装落地门窗等。除了上述涉及的设备外，店主另外增加其他设备，则费用要列入再计算。

营业面积

你可以将营业面积缩小，分租部分店面。营业时段较短的业种（例如早餐店），也可在闲置时段出租。店面分租的好处是可以有两家以上的店家一起分摊店租、水电费用，而且，同一个空间的两家店可以产生加倍聚客的效果，增加营业收入。

联合采购

联合采购方式是现今很多餐饮业采取的方法，如果不是连锁体系，可以试着与附近的商店联合起来，向批发商联合采购，如此一来采购量大，可降低进货成本。也有些业者与固定的进货商签约，保证一年都向该进货商采购，则可以要求较优惠的进货价，还可采取按月结的方法，增加手头现金的灵活度。

从资金的筹备来说，如果你的资金有限，那么你就必须在资金的限度之内对店面的规模、档次以及从筹建到正常运作的时间进行严格的控制，尽量避免浪费资金和时间。但是如果资金比较雄厚，还可以考虑丰富经营模式和各类附属功能，从一开始就可以着手制定比较长远的经营战略，开展和店面有关的促销活动，充分利用资金。

不能忽略店址选择的个别因素

零售业有一句老话：地址，地址，地址。门店开设地址对于零售企业的销售业绩具有非常重要的影响。选址不是一个简单的过程，很多的细节因素都会对未来的营业有所影响。

一个大型连锁超市准备进军东北某省会城市，为此特调了一个高级经理亲自督战，项目进展十分顺利。

经过分析，在此城市的北部有一个新兴的超大型社区，人口超过10万，而且还没有大型的零售企业进入，应该说是绝佳的机会。拓展人员很快在社区的南部找到了一个2万平米的商业楼，非常适合开办社区购物中心或大型超市。该商业楼与此大型社区只有一路之隔，从地图上看，没有比这更好的地点了。

在做商圈分析报告的时候，大家取得了普遍的共识，很快就完成了签约。但在报告中忽略了一个细节：那条路是封闭式的，距此建筑500米外只有一个小型的过街天桥。当时对这一细节大家也没有在意。

若干月后超市开业，刚刚开始的5个月很好，生意红火。到了第6

个月生意就开始下滑。原来在社区较北的地方有个5000平方米的中型超市开业，很多顾客都转向了那边。

毫不夸张地说，位置决定“钱途”，作为店主必须要注意新店选址的每一个细节，做好前期的市场调查。市场调查既可以弄清楚店址的具体位置，还能调查诸如周围环境、客流量多少，店址是否具有发展潜力等问题。多调查是选择店址的最好方法，但光跑光看还不行，还要记得把你的嘴巴带上，顺便问问附近商店的经营或其他与经营无关的情况，有时还会得到意想不到的收获。

比如在我们前面的案例中，在选址前，企业的拓展经理也看到了这个问题。但是他既没有给予足够的重视，也没有上报。而且他主观地认为，那儿不是有天桥嘛，而且附近也没有其他竞争者，所以影响不大。但是，那个中型超市的拓展人员也正是看到了这一点，根据自己的商圈图，500米内不会有人争夺客源。1000米处有封闭的公路阻隔，再加上天桥与连锁超市的500米距离，使他与竞争者的实际距离为1500米——这几乎超出了可竞争的范围。因此他们根据自身的状况开办了一家中型超市，并且取得了成功。

仅仅因为忽略了一个细节就使企业蒙受了如此巨大的损失，因此店主们在选址前一定要认真阅读市政的2年远期规划，要搞清楚：在我们建店后的两年里，我们的区域会不会有新的障碍物出现。

门店选址的重要性零售企业都已经有了深刻的认识，门店地理位置是形成零售企业市场竞争能力的一个重要因素，门店地理位置的优劣也往往影响到客流量的高低、商品销售额的多少。但在选址问题上，好的地理位置并不能决定你的门店的生意就一定会兴隆，如果忽略了一些细节问题，就会给企业带来重大的甚至是无法弥补的损失。

1.不要让商圈出现“障碍物”

所谓的障碍物是指在门店的商圈里影响顾客便利和来店客数的自然地理条件和公共设施。障碍物从形状上讲可以分为：条状障碍物和块状障碍物。条状的诸如：封闭的公路、河流、封闭的绿化带等，一般通过桥梁和地下通道连接两端。块状的诸如体育场、封闭的政府机构、军事基地、大型的收费公园、湖泊等，这些障碍物的存在对于门店的运营都会产生不同程度的影响。一位顾客虽然就住在马路对面，但她必须要到500米外的天桥过到你那边，那她就很难是你的主力顾客了，特别是当她附近又新开店的时候，忠实度就大打折扣了。店主在为新店选址时，要绘制一份详细的商圈分布图，用深浅不同的颜色标出核心商圈的位置、次商圈的位置，以及在商圈中存在的障碍物。

2.尽可能考虑的要长远一些

不要认为找到了一个好店址就万事大吉，店址还会受到很多因素的影响，诸如政府的举措：修建立交桥、拓宽马路等等。因此店址的选择要搞清楚城市建设的规划，既包括短期规划，又包括长期规划。有的地点从当前分析是最佳位置，但随着市场的改造和发展将会出现新的变化而不适合开店；反之，有些地点从当前来看不理想，但从规划前景看会成为有发展前途的新的商业中心区。因此，经营者必须从长考虑，在了解地区内的交通、街道、市政、绿化、公共设施、住宅及其他建设或改造项目的规划的前提下，做出最佳地点的选择。

3.路口店的利弊

紧邻主干道，多路公交车设点在楼下，至市中心仅几分钟车程，交通极其便利……在以前，不少商店都以紧靠大马路、主干道为一大卖点。但是，大马路黄金地段也可能成为商店经营的死穴。首先，随着车流量的不断增大，紧邻大马路或主干道而带来的噪声、废气污染，与绿色、生态、环保、健康的流行居住趋势背道而驰。这是路边店的最大致命伤，特别是如果门店属于中高端层次的话。其次，路边店由于受市政规划不确定因素的影响，遭受拆迁等的未来风险要大得多。政府对城市改造、规划的不断深入，越来越多的道路会面临着拓建、改造的可能。在这种情况下，最容易受影响的无疑就是紧贴在马路边的路边店了。

4.并非行人越多生意越好

认为过路人都是自己的顾客，来往行人越多生意就越兴隆，这种想法是极其错误的。如果那些来往的行人是带着某种明确目的的人，那么这些店就拉不住这类顾客。一些商业街的行人就是这样。商业街的行人往往带有很明确的办事目的，恐怕很少有人会冲动地上馆子进去用餐。相反，游乐街上的行人就不同，他们不是非在什么时候赶到什么地点，办完什么事情不可。因此，在选择什么样的街道开店时，不但应当考虑来往行人的数量，而且还应考虑来往行人的性质。

5.繁华地段不一定是好店址

有的地方，表面看来，车水马龙，人流如织，但并不是聚客的地方。这就是在闹市新开店很快就失败，而在小巷开店却生意红火的重要原因。你所经营的行业与你所选的店址合拍，该店址则为好店址。简言之，只要能使你的小店生意兴隆的店址，不管小店的位置是在商业中心还是偏僻小巷，都是好店址。因此，你在开店时，你要考虑你所经营的行业是否适应相关地区人们的需要。

6.不要小看拐角的位置

拐角的位置往往是很理想的，它们在两条街的交叉处，可以产生拐角效应。拐角位置的优点是：可以增加橱窗陈列的面积。两条街道的往来人流汇集于此，有较多的过路行人光顾；可以通过两个以上的入口以缓和人流的拥挤。

由于商店位置面临两条街，选择哪一面作为自己商店的正门，则成为一个十分重要的问题。一般的做法是，选择交通流量大的街道作为商店的正门，即店面；而交通流量小的街道一面则作为侧门。

小店选址的 4 个常见误区

不管是上万平米的大商场还是十几平米的小便利店，不管是知名的国际连锁店还是初出茅庐的小品牌，选址都是决定其成败的关键一步，因此一定要慎之又慎，千万不要落入选址误区中。

丁女士在一家内资连锁婴儿用品公司工作，今年二月公司决定在西安开一个新店，丁女士就被任命为这个新店的店长，并到该城市去做新店建设工作。

新店建设的第一步当然是选址，丁女士认真地研究了西安城市地图，又无数次地跑去对重点地段进行考察，最后满怀自信地向拓展经理提交了一份报告，提出两个可以作为店址的地段。第一个是该市的繁华街区，另一个是在某外资大型综合超市旁边。前者是繁华商业区，客流量大；后者临近大型超市，可以产生连锁效应，有助于提高销售额。

没想到的是，丁女士的选址很快就被总部和拓展经理全盘否定了，丁女士很委屈，自己辛苦选定的店址明明没有什么问题啊！

上面的案例中，从常规来看丁女士的选址似乎没有什么问题，但是实际上已经陷入了误区。

我们来看一下她选定的两个店址：首先是繁华街区。这样的街区虽然客流量较大，但是该地区多是品牌时尚服装及饰品店铺，消费者的消费目的是既定的，在这样的地方售卖婴儿用品，销售额可想而知。

那么在综合超市旁边开店有什么问题呢？很多小品牌的门店都喜欢开在大店旁，借一点人气。这里面有一个问题是那个大型综合超市中已经有妇婴用品专区，一部分顾客可能有这方面的购买意愿，但是基本上就都在超市里解决了，谁还会提着大包的购物袋再跑去旁边的妇婴用品店呢？何况对比超市，新店也不会有什么价格优势。可见，傍大店也未必是正确的。

一个经营项目很好的店铺，若选错了店址，那小则影响生意兴隆，大则还可能导致“关门大吉”。因此，开店选址很重要，这一步走得对与否，决定了日后店铺的赚与赔。但是在店址的选择上有很多常见误区，店主们必须对此有清醒认识，然后才能在选址时做的更明智。

1.黄金地段是高业绩的保证

很多店主认为，在闹市区、商业中心开店，能以较高的客流量带动销售，开店就要开在黄金旺地。殊不知，黄金地段的昂贵租金与激烈竞争所带来的经营压力，非一般专卖店所能承受。

况且有的地方，表面看来，车水马龙，人流如织，但并不是聚客的地方。这就是在闹市新开店很快就失败，而在小巷开店却生意红火的重要原因。你所经营的行业与你所选的店址合拍，该店址则为好店址。简言之，只要能使你的商店生意兴隆的店址，不管商店的位置是在商业中心还是偏僻小巷，都是好店址。因此，店主在开店时，要考虑你所经营的行业是否适应相关地区人们的需要。

2.新建的大型商区抢得先机

店址选在新建的大型商区，应该说商业前景广阔，作为商业投资当然是无可厚非。但是，在这样的区域，要开发什么样的商业地产、多大面积的商业地产，商业服务的实际需求和商业地产的开发面积即商业服务的配比还要进行仔细调查和测算。此外，还要从顾客的角度去分析，顾客是一种什么状态，是一种什么心理都需要了解清楚。贸然进驻，只会导致亏损的结局。

3.地形地貌无关紧要

生活中，很多店主在选址时都会把地形地貌当成无关紧要的小事忽略过去，偶尔注意到了，那也是从风水角度考虑。但实际上，地形、地貌对商店位置的选择的主要影响表现在：方位情况。方位是指商店坐落的方向位置，以正门的朝向为标志。方位的选择与商店所处地区气候条件直接相关。以我国北方城市为例，通常以北为上，所以一般商业建筑物坐北朝南是最理想的地理方位。走向情况。走向是指商店所选位置顾客流动的方向。比如，我国的交通管理制度规定人流、车流均靠右行驶，所以人们普遍养成右行的习惯，这样，商店在选择地理位置进口时就应以右为上。如商店所在地的道路如果是东西走向的，而客流又主要从东边来时，则以东北路口为最佳方位；如果道路是南北走向，客流主要是从南向北流动时，则以东南路口为最佳。

交叉路口情况。交叉路口一般是指十字路口和三岔路口。一般来说在这种交接地，商店建筑的能见度大，但在选择十字路口的那一侧时，则要认真考察道路两侧，通常要对每侧的交通流向及流量进行较准确的调查，应选择流量最大的街面作为商店的最佳位置和店面的朝向。如果是三岔路口，最好将商店设在三岔路口的正面，这样店面最显眼；但如果是丁字路口，则将商店设在路口的转角处，效果更佳。

4.选择一个“大款”做邻居

有一种说法是选址时如果一点主意都没有，那么傍大款”也许是一条很好的选址方法。即把店铺开在著名连锁店或强势品牌店的附近，甚至可以开在它的旁边，和它做邻居。好邻居是否就能带来好生意呢？这个要看自己的企业和你的邻居的经营是否是具有互补性。例如目前越来越多的电影院快餐店进驻大型购物中心，以借机利用周边的强大客流带动自己的生意。选择合适的邻居至关重要，尤其是有些邻居是不是也是暂住的流动人口甚至只是一个空牌子，有没有长期经营打算你都要考察清楚。

选择合适的相邻企业应注意以下几点：第一,当自己企业弱小时，我们希望让别人为自己作嫁衣裳，但是别人是否有这个能力，并且和自己的企业经营范围和定位是否冲突？第二,凿壁偷光的时候不要让邻居把自己的生意抢了。第三,看看邻居“商德”如何？“商德”不佳的邻居会令你“偷鸡不成反蚀把米”，邻居的某些违规行为会导致你的企业无法正常进行销售。

无论选择怎样的店址，店主们都一定要把消费者的便利性牢记心中。如今的消费者越来越挑剔，对购物场所的物业配套与周边公用设施的完善程度越来越重视。有车一族希望购物时能很快找到停车场，老人家不想爬很高的阶梯……一切从自己的便利条件出发。店址选择必须将这些便利因素考虑进去，否则店址选择的再好，顾客也不愿光顾。

打造特色小店，店内风格要统一

某商业街有一家中国风服装专卖店，从门外看进去，店内的整体装修古香古色，很有韵味。但是进到店内后，不和谐之感就油然而生：店内的灯光设计过于抢眼，可谓“五颜六色，缤纷绚烂”；导购人员穿着白T恤、蓝牛仔裤，看上去是很清爽简洁，但是偏偏与店面的整体风格格格不入……这些还都可以忽略，但是店内播放的音乐就堪称是灾难了——摇滚音乐震耳欲聋，再配上店员的叫卖声，让顾客顿生穿越时空之感！

门店的风格是个大问题，门店是品牌风格表现的重要组成部分，是产品个性的外溢，它不仅营造贩卖空间的商业气氛，更重要的是它能吸引品牌消费对象的注意力，界定产品、家居生活与环境的关系。特别在当今品牌林立，商品过剩，市场竞争白热化加剧，塑造品牌个性风格，创造良好的购物环境已是所有品牌营销商案事之首。

案例中的门店存在的问题是整体风格不协调，门店本身走的是中国风路线，应该说偏向于古典，但偏偏添加了很多不适合的现代元素：音乐、店员制服、灯光设计……因而直接影响了门店的销售氛围。后来这个门店在专家的建议下对店面设计做了修正：所有灯具均换成色彩趋于暖色调的桶灯，让气氛更典雅；店员穿上了带有中国风设计的制服，对顾客的招呼礼仪也重新做了要求；店内播放的音乐变成了舒缓轻柔的古典乐曲。调整后当月营业额就获得了提升。

要使顾客产生购买冲动，必须使店内有卖场氛围。特别在服饰店中，由于顾客有在店中停留的时间，在这段时间中，店内就可以通过声音、颜色、灯光等方面塑造出店铺氛围，使那些只是想看看的顾客产生购买欲望。那么，如何才能恰当地把握某一品牌理念下的外在空间呢？如何营造"她"的时尚氛围？

1.色彩设计

在店铺的氛围设计中，色彩的有效使用具有普遍意义。色彩与环境，与商品搭配是否协调，对顾客的购物心理有重要影响。店铺内的色彩设计是店铺氛围设计的头等大事，色彩与品牌、室内环境、服装风格都有着息息相关的联系。有效的色彩设计能够使顾客从踏入店门起便感受到服装品牌独有的魅力与个性，使顾客的感性因素得到升华，最终调动其购买欲望。一般说来，顾客在卖场中对色彩的感受有以下几点：

（1）空间感与重量感

色彩的柔和与绚丽，能够强化或减弱卖场的空间感与重量感。比如使墙壁光鲜明亮，会使人感觉青春与活力；而涂有厚重的色彩，则会使人感到稳定与庄重，较适合典雅、大气的服装品牌。一般来说，亮丽的色彩可以让顾客很快陶醉，并激发年轻爱美女性的

兴趣，但是值得说明的是：天花板、地板、货架及店内广告最好能够保证协调，同时色彩不要杂乱才能使人感到清爽。而厚重的色彩，也要做到浓淡结合为妙，否则过于压抑则会使人感到沉闷，抑制购买情绪。具体到应用范畴，亮丽的色彩适合青春，而厚重的色彩则适合男装与正装。

（2）色彩造成的冷暖错觉

人们看到暖色一类色彩，会联想到阳光、火等景物，产生热烈、欢乐、温暖、开朗、活跃、等感情反应。见到冷色一类颜色，会使人联想到海洋、月亮、冰雪、青山、碧水、蓝天等景物，产生宁静、清凉、深远，悲哀等感情反应。但是，仔细品味，其实冷暖色调中又能细分，其中：冷色调的颜色，分为庄重冷与活力冷两种。比如黑色、灰色等色彩能使人感到庄重与稳定；而亮蓝与亮绿等色彩则会使人感到朝气蓬勃，较适合一些。暖色调的颜色则分为热烈暖与温情暖两种。比如，酱红色的墙壁，会使卖场充满媚惑与热烈，而黄色与橙色的墙壁则让人感到温馨与浪漫。所以，根据冷暖色调的作用，经营者就需要将自身品牌所诠释的含义及服装的风格进行细致了解，最终结合色彩来设计卖场氛围。

2.声音设计

声音的设计对店铺氛围设计产生积极的影响，也可以产生消极的影响。音乐的合理设计会给店铺带来好的气氛，而噪音则使卖场产生不愉快的气氛。在选择所要播放的音乐时，注意合理搭配音乐的种类与时间。上班前，先播放几分钟幽雅恬静的乐曲，然后再播放振奋精神的乐曲，效果较好。当员工紧张工作而感到疲劳时，可播放一些安抚性的轻音乐，以松弛神经。在临近营业结束时，播放的次数要频繁一些，乐曲要明快、热情，带有鼓舞色彩，使员工能全神贯注投入到全天最后也是最繁忙的工作中去。在选择音乐的类型时，要根据所卖服饰类型，一般的，流行服饰专卖店应以流行且节奏感强的音乐为主；童装店则可放一些欢快的儿歌；高档服饰店为了表现其幽雅和高档，可选择轻音乐。在服饰店热卖过程中，配以热情、节奏感强的音乐，会使顾客产生购买冲动。

3.通风设备设计

店内顾客流量大，空气极易污浊，为了保证店内空气清新通畅、冷暖适宜，应采用空气净化措施，加强通风系统的建设，通风来源可以分自然通风和机械通风。采用自然通风可以节约能源，保证店铺内部适宜的空气，一般小型店铺多采用这种通风方式。

4.制服设计

服饰店营业员的制服是很重要的。制服的统一，会使进入店中的顾客对店铺产生一种充满活力和干劲的感觉，也是氛围设计的重要一点。制服的设计也应该注意到制服的面料、颜色，还有制服款式。

5.室内照明设计

室内照明能够直接影响店内的氛围。走进一家照明好的和另一家光线暗淡的店铺会有截然不同的心理感受：前者明快、轻松；后者压抑、低沉。店内照明得当，不仅可以渲染店铺气氛，突出展示商品，增强陈列效果，还可以改善营业员的劳动环境，提高劳动效率。

6.休息区设计

休息区的设计也是店主们往往忽略的一个问题。在卖场面积阔绰的条件下，店主完全可以巧妙的设置休息区来增加门店对顾客的吸引力。巧妙的设置休息区还能够将不同风格的服装进行无形分割，在休息之余顾客也能够对终端的广告及宣传画册进行欣赏，达到一举两得的效果。

7.店员礼仪设计

店员的形象更多的体现在精神与外形层面。具有饱满的干劲才能时刻应对多种多样的顾客，而遇到刁蛮的顾客还保持微笑则更是一种境界。所以，店员的良好礼仪构建的是一种更高的店铺氛围——精神氛围。一般来说，店员在礼仪上要做到以下两点：

（1）充沛的体力。营业员在大多卖场均为站立式待客，长久的站立往往会使人肩膀酸疼，腰膝发麻，更要命的是某些女装店还要求穿高跟鞋待客，这对店员的脚跟是一个艰巨的考验。为此，店员的健康与体力就成了具有优质服务的先决条件。这点要尤其引起重视，也是经营者在聘用店员时必须关注的。

（2）得体的举止。在日常销售与待客工作中，店员不仅要以饱满的精神状态来迎接顾客，还必须有着得体大方的举止。在开始接待顾客的初始阶段，第一印象对顾客是否进行购买具有良好的导向作用。所以，这就要求店员在化妆、发型、佩带首饰与穿着方面做到整齐划一，并接受过正式的营业培训，保证谈吐的水准，这样才能体现出该服饰品牌的服务层次，彰显更高层次的品牌精神。

当买家走进我们的店面时，他们如果只看到单纯的服装陈列与简单的装修很可能无法调动起购买的兴趣。服装卖场是风格表现的重要组成部分，缤纷的店铺氛围设计不仅能够营造出好的贩卖空间，更重要的是能够吸引品牌消费对象的注意力，有效滞留顾客在店内的时间。在这段时间内，店铺就可以系统利用店内广告、营业员的说服力等工具促使顾客对服装本身产生兴趣，并最终完成购买。

店面形象要出新，别在店外设计上省钱

法国有句经商谚语：“即使是水果蔬菜，也要像一幅静物写生画那样艺术地排列，因为商品的美感能撩起顾客的购买欲望。”店面是一个企业的形象窗口，是一个品牌生命力的表现，店铺形象给人的感觉是与货品的品质相适应的，所以好的店铺形象给顾客带来的是对产品质量的充分信任。从某种意义上来说，店面出售的不仅是商品，还有良好的购物氛围。因此，作为一名合格的店主，你就要在灯光选取、整体色调搭配、形象墙、橱窗陈列等各个部分的设计上多花心思，这样才能打造一流店面，提升门店销售额。

在进行店铺门面设计之前，应首先全面了解店铺销售的商品、种类、规模、特点，使之尽量与店面外部形式相结合。同时还应了解周围环境、交通状况、建筑物风格，使店面造型与周围环境协调、和谐。店铺的门面无疑就如人的脸面对于人形象的重要一样，为其形象的突出表现部分。门面设计要求应该在考虑经营商品和接待顾客特点的情况下，刻意求新，显示个性，力争让顾客产生好印象，也就是说既要有精神上的美感，又要在现实中符合人的要求。

吴想如愿开了一家品牌服装店，决心要打造出一个一流的新店。

前期工作繁琐而复杂，店面的设计花了吴想大量的心力：柜台的材质、尺寸、摆设方位，天花板、背板的装饰，店面的整体色调……吴想知道，店面形象对销售的影响，因此装修起来精益求精。装修预算金很快就花的差不多了，可是室外设计还没有做。不过这不成问题，吴想并没有为此太担心：店外设计过得去就行了，重要的是店里的设计一定要能打动顾客，树立高品质的品牌服装形象。

新店很快开业了，但销售情况却不尽如人意。成交额低吴想还可以说是由于新店还未能赢得顾客认同，但是看着邻家专柜川流不息的人潮，而自己的门店却门可罗雀，吴想却想不出这是为什么了！

还是一位同行一语道破玄机：店外设计灰突突的，跟邻店一比那么不起眼，谁还会想进店买东西？！

室外装饰是指店铺门前和周围的一切装饰开工。如广告牌、霓虹灯、灯箱、电子闪示广告、招贴画、传单广告、活人广告、店铺招牌、门面装饰和室外照明等等，均属室外装饰。店铺要想取得好的经济效益，首先必须使消费者走进店里。除广告宣传、传统声望等因素外，消费者对一个不相识商店的认识是从外观开始的。

销售的第一步应该是吸引顾客走进店里。除广告宣传等因素外，消费者对一个店铺的认识是从外观开始的。人对事物的一般心理反应是，一个室外装修高雅华贵的店铺，销售的商品也一定高档优质；而装饰平平或陈旧过时的外观，其销售的商品也一定是相间交错低下，质量难保。而过于豪华或简陋的装饰，搭配不协调的布置，则很容易成为拒绝消费者的人为屏障。所以尽管吴想将店内设计的美轮美奂，可是灰暗的店外设计还是让顾客望而却步。

外观是店铺给人的整体感觉，有时会体现店铺的档次，也能体现店铺的个性。从风格上划分的话，主要有现代风格和传统风格。现代风格的外观给人以时代的气息，现代化的心理感受。如果店铺是在商业区，则附近的大商场一般也是现代风格，就能与之达到和谐的效果。而民族传统风格的外观给人以古朴殷实，传统丰厚的心理感受。许多百年老店，已成为影响中外的传统字号，其外观装饰等都已在消费者心中形成固定模式，所以，用其传统的外观风格更能吸引顾客。如果服饰店经营的是有民族特色的服饰或仿古的服饰，如旗袍一类，则可采用传统风格。或者服饰店开在一个充满古朴色彩的商业街中，也可采用与整体风格下一致的传统风格。但是无论是何种风格，店铺的外观主要有三种类型：

封闭型

这种类型的店铺面向大街的一面用橱窗或有色玻璃遮蔽起来，入口尽可能小些。采用这种形式多是一些经营高档商品，如珠宝、影像设备的店铺。它突出了经营贵重商品的特点，设计别致，用料精细、豪华，使进店的顾客具有与众不同的优越感，觉得在这样的商店里买东西很自豪。由于这类商店的接待对象为少数有钱人，所以橱窗设备等不必太突出，要让街上的顾客难以看到店堂内部，从而提供了一个优雅、安静的购物氛围。

半封闭型

店铺入口适中，玻璃明亮，使顾客能看清店内，然后被引入店内。经营化妆品、服装等中高档商品的店铺多采用这种形式。它们的顾客预先都有购买商品的计划，当看到橱窗陈列时，便会径直走入店内进行选购。由此可见，这种店铺的外观的吸引力是至关重要的。

开放型

店铺正对大街的一面全部开放，没有橱窗，顾客出入随便，没有任何障碍。在国外，出售食品、水果、蔬菜和小百货等低档日常用品的商店常采用这一形式进行店面处理。在我国南方，实行全开放型的商店多而北方则少一些，这是由两地不同的气候决定的。店外设计的另一个重点是招牌。

招牌的设计和安装，必须做到新颖、醒目、简明，既美观大方，又能引起顾客注意。因为店名招牌本身就是具有特定意义的广告，所以，从一般意义上讲，招牌设置的集团，就能使顾客或过往行人以较远或多个角度都能较清晰地看见，夜晚应配以霓虹灯招牌。总的来说，招牌的设计和装饰应考虑以下内容：

招牌的形式、规格与安装方式，应力求多样化和与众不同。既要做到引人瞩目，又要与店面设计融为一体，给人以完美的外观形象。招牌的材质有多种：木质、石材、金属材料，还可以是直接镶在装饰外墙上。招牌的安装可以是直立式、壁式、也可以是悬吊式的。

对于许多中小型的专业商店，在招牌的制作与使用上，可直接反映商店的经营内容。制作成与经营内容相一致的形象或图形，能增强招牌的直接感召力。由服饰店的经营范围不同，可以取不同类型的招牌。女装店可选择时尚感强的招牌，且招牌的颜色要醒目；男装店多以西服为主，则较正式，招牌要适应这种风格，要显得庄重；童装店则要活泼、有趣，能吸引小朋友。

照明也是店外设计的一个重要组成部分。

店铺照明分为基础照明和重点照明，两者各有讲究，绝不是商品被照亮就好。

第一，基础照明。通俗理解即满足整间店的基本亮度的照明设计。

A案，在天花板高度2.8M以内可以选择T5或T8或PLC18～26W配置为基础照明使用。

B案，若天花板的高度高于3M以上，则可以使用广角的PAR光源或HQI双端金卤，PLT32/42W或CDM-T广角度的作为基础照明。

从国外目前比较新的设计方案来看，一般是采用B案，因为B案在色温及显色性方面感觉档次比较高，品质也比较稳定。

第二，重点照明。一般是指狭角的SPOT，即我们常说的聚光的照明设计。

重点照明在整个设计案中起了画龙点睛的作用。产品的质感、档次，都可以借由它来强调，直接将客人的目光吸引在产品上。但要抓住重点，不能整个案子都使用它，否则在耗能与效果上又会大打折扣。

照明设计是一门很深又灵活的学问，如何让它来展示您的意境，如何在自然中提高产品的价值，就要靠各位去琢磨，用心去体会。如此才能在您的工作中，设计出独树一格的个案，成为流行的带动者。

还有一个很多门店都会忽略的细节，那就是店铺的出入口设计。

在设计店铺出入口时，必须考虑店铺营业面积、客流量、地理位置、商品特点及安全管理等因素。如果设计不合理，就会造成人流拥挤或商品没有被顾客看完便到了出口，从而影响了销售。在店铺设置的顾客通道中，出入口是驱动消费流的动力泵。好的出入口设计要能合理地使消费者从入口到出口，有序地浏览全场，不留死角。如果店面是规则店面，出入口一般在同侧为好，以防太宽使顾客不能走完，留下死角。总之，一定要避免让顾客产生“幽闭”“阴暗”等不佳心理，从而拒客于门外。

装扮小店的橱窗，让人一见就想进去

橱窗就像是小店的“眼睛”，店面这张脸能否吸引住路人，这只“眼睛”可是有举足轻重的作用。它是以本店所经营销售的商品为主，巧用布景、道具，以背景画面装饰为衬托，配以合适的灯光、色彩和文字说明，是进行商品介绍和商品宣传的综合性广告艺术形式。消费者在进入商店之前，都要有意无意地浏览橱窗，所以，好的橱窗布置既可起到介绍商品、指导消费、促进销售的作用，又可成为商店门前吸引过往行人的艺术佳作。

金融街附近有几家中高档服装专卖店，这个地区是白领经常出没的地方，几家专卖店的服装定位都很合理，因此销售业绩也还不错，只有一家生意要比其他店差一些。

这家店主营时下流行的韩版服装，样式设计优雅得体、价格定位也很合理，都在200–500元之间，是普通白领都能接受的价位。再看店铺形象，那也是装修得精致贵气，有特色的和主打的服装也都放到橱窗里展示了，可是为什么销售状况就是不及其他几家店呢？

业绩每每落后于人，店主感到压力很大，可是该做的工作一样也没少做，为什么销售就是上不去呢？店主索性到其他几家店去“取经“。经过几天观察，店主发现，自家的人气明显不及其他几家，顾客流量少说也要比邻店少三成。店主决心弄清这里面的玄机，找了几位过门而不不入的顾客询问原因，结果得到的回答实在让这位店主吃惊：你们的橱窗弄的太糟糕了，怎么堆了那么多衣服啊！乱乱的，背景也单调，不知道你们家服装什么风格！

店主本来是为了吸引顾客眼球，才将特色和主打服装都摆放到了橱窗中，没想到却起了反效果，使得整个橱窗无论是背景，还是店内的情况，都给人混混沌沌的感觉，分不清主次，也没有任何画面的美感。要知道，橱窗不是货架，橱窗是在展示商品的艺术魅力，因此橱窗的设计更倾向于抽象风格，对于店铺来说，好的橱窗设计更应该致力于显示品牌的个性。

因此，不要把你的橱窗变成货架，总是塞的满满当当的。事实上，一些大牌的服装专卖店早已经亮出了橱窗格局新思维，不再是硬性的堆砌商品，而是从容不迫、气派不凡地展示“空白”艺术。通常是在一个橱窗内安排3/5的空白，仅仅象征性地挂出一套时装，而背景中通常是环保风格的意象性场景，沙子、砾石、红豆、布袋，摆设越少，越有韵味，真所谓淡极始知花更艳。

由于店铺要吸引某一特定的顾客群，因此，更要注重店面广告的设计。而将橱窗设计得更富艺术气息，突出店铺的与众不同，无疑是有效吸引顾客的一条“终南捷径”。

商店橱窗设计要遵守四个原则：首先要突出商品的特性，同时又能使橱窗布置和商品介绍符合消费者的一般心理行为，即让消费者看后有美感、舒适感，对商品有好感和向往心情；二是以别出心裁的设计吸引顾客，切忌平面化，努力追求动感和文化艺术色彩；三是可通过一些生活化场景使顾客感到亲切自然，进而产生共鸣；四是努力给顾客留下深刻的印象，通过门店所经营的橱窗巧妙的展示，使顾客过目不忘，印入脑海。

一家经营品牌女士内衣的连锁店，由于每件产品的单价都高于其它内衣店，所以顾客并不多。为业绩心急不已的店主在巨大的展示橱窗内陈列上店内所售内衣的样品，一般是每三个月换一次。但是这样展示的效果是，上门的顾客寥寥无几，生意依旧是惨淡经营。

后来，店主在一番调查思索之后，意识到自己的橱窗摆设存在问题，于是就将展示柜台重新排列，并强调有主题的陈列方式。每天都不断变化主题，有时一天就会变换好几次。自从采用这种方式之后，带给店内许多活泼气氛，每天不断改变陈列方式，不仅给路过橱窗外的行人带来了新鲜感，生意也变得红火起来。

有一次，女店主以蓝色精美的运动内衣作为陈列主题，背景以蓝色为主，清新淡雅。刚刚陈列完，一位年轻女士就走进来，说道："对不起！请你把橱窗陈列的内衣拿给我看看好吗？"最后该顾客高兴地买下了那套内衣。

橱窗是最先映入客户眼帘的窗口，是吸引客人上门的活广告，所以在欧洲，每家店包括百货商场，无不绞尽脑汁将它设计打扮得像艺术品一样来招引客人，同时提高自己的身价。但橱窗空间偏偏又是最狭小的，如何在有效的空间内利用几件服装来衬出整家店的风格，甚至是品牌的形象，这是一门非常深奥的学问。

一般来讲，橱窗设计应注意以下方面：

（1）橱窗横度中心线最好能与顾客的视平线相等，那么，整个橱窗内所陈列的商品都在顾客视野中。

（2）在橱窗设计中，必须考虑防尘，防热、防淋、防晒、防风、防盗等，要采取相关的措施。

（3）不能影响店面外观造型，橱窗建筑设计规模应与商店整体规模相适应。

（4）橱窗陈列的商品必须是本商店出售的，而且是最畅销的商品。

（5）橱窗陈列季节性商品必须在季节到来之前一个月预先陈列出来向顾客介绍，这样才能起到迎季宣传的作用。

（6）陈列商品时，应先确定主题，无论是多种多类或是同种不同类的商品，均应系统地分种分类依主题陈列，使人一目了然地看到所宣传介绍的商品内容，千万不可乱堆乱摆分散消费者视线。

（7）橱窗布置应尽量少用商品作衬托、装潢或铺底，除根据橱窗面积注意色彩调和、高低疏密均匀外，商品数量不宜过多或过少。要做到使顾客从远处近处、正面侧面都能看到商品全貌。富有经营特色的商品应陈列在最引人注目的橱窗里。

（8）容易液化变质的商品如食品糖果之类，以及日光照晒下容易损坏的商品，最好用其模型代替或加以适当的包装。

（9）橱窗应经常打扫，保持清洁，特别是食品橱窗。肮脏的橱窗玻璃，橱窗里面布满灰尘，会给顾客不好的印象，引起对商品的怀疑或反感而失去购买的兴趣。

（10）橱窗陈列需勤加更换，尤其是有时间性的宣传以及陈列容易变质的商品尤应特别注意。每个橱窗在更换或布置时，停止对外宣传时间，一般必需在当天内完成。

此外还有几点也是在布置橱窗时容易犯的细节性错误，店主们一定要注意了！

一定要保证橱窗有足够的光源，因此玻璃高度通常约在2米左右，宽度约在15米以上，深度为0.5米多一点，不过也要视城市大小、街道宽窄而有所不同。大城市因街道较宽，建筑条件较好，橱窗应低一些，但小城市则应该高一些。

橱窗建立后应注意防护工作。通常应具备防日晒与防结冰两种设备的配置。防日晒设备乃是在一般临街的外橱窗上设置遮蔽日光的帆布棚，为保证行人安全，它通常应高出窗外街道2米以上，以免妨碍行人走路。防结冰乃是为了预防冬季橱窗结冰，妨碍顾客观看，其方法是在橱窗外框的上下方钻一些小孔，橱窗在屋内的一面应用木板隔开，以免热气流人橱窗造成橱窗玻璃结冰。

灯光设备也是橱窗设备的一个重要组成部分，一个照明良好的橱窗对于吸引顾客、帮助广告宣传，常常会收到良好的效果。相反，效果则往往不好。如果橱窗里安装了日光灯，可是连遮蔽也没有，这样顾客所看见的不会是陈列商品，而是刺眼灯光，这就影响了顾客的注意力。

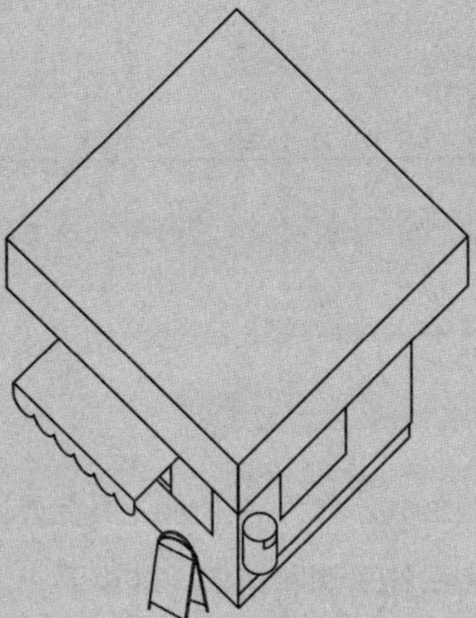

第三章

管店抓好三件事：

采购、销售、售后

商品是小店的生命，作为店主你必须参透采购的学问，做好门店的商品管理。商品的采购和销售一样重要，没有好的商品，销售也就无从谈起。通过商品采购，组织适销对路商品，商品销售才会充满活力；反之，商品周转就慢，资金占压就多。毫不夸张地说：采购到好的商品也就意味着完成了销售的一半。

采购技巧需要多培训

一个建材门店新招了一名采购员，店主认为这个采购员人品诚实可信，于是只是要求老采购员带他几天，并没有进行专业的培训，没想到因此却给门店造成了损失。

一次，新采购员与供应商谈一种新型软管采购案，这个供应商是省内唯一一个有条件在短时间内供货的大商家。出乎店主的预料，在价钱谈判上，供应商态度十分强硬。原来是缺少经验的技巧的采购员不经意间向对方业务员透露了门店的采购预算，以及门店已经接受了一部分顾客的预定等信息，于是供应商就在一个较高的价位上咬死了不松口，最后门店只能以较高的价钱成交。

后来根据资深采购员的分析，公司为此至少多付出了七万多元。

采购有许多技巧，坚决不能向供应商透露采购预算就是其中之一。案例中，新采购员由于缺少经验，交出了预算底线，甚至还有门店急于拿货的信息，使得供应商占据了主动，给门店造成了损失。

采购是一项复杂且考验快速反应能力的工作，经验对于一名采购员来说十分重要。如果招收了新人，那么一定要在短期内加强培训，并指定资深采购跟员踪指导一段时间，贸然放任其单飞，很可能在某些方面出特况，给门店造成不必要的损失。

那么采购人员必须掌握的采购技巧有哪些呢？

1.掌握最新、最准确的信息通常我们可以通过以下调查方法来获取市场的信息，即：可选择一批有代表性居民户，作为长期联系对象；制作工作手册，应有意识地把顾客对商品的反映意见记录下来，然后把这些意见系统整理，反映给有关部门；建立缺货登记簿，对顾客有需要，但没有库存的商品进行登记，并以此作为进货和要货的依据之一；设立顾客意见簿，经营者应勤于检查顾客意见簿，发现和抓住一些倾向性的问题，及时改进，从而不断提高管理水平进而通过科学的市场预测方法来确定市场对于量、质、品种、价格等方面的需求，从而采购适销对路的商品，避免库存积压，造成损失，更好地提高经济效益。

2.培养采购人员对市场行情的判断力如果采购人员能够比竞争对手更早发现具有市场潜力的商品，或价廉物美的商品，并能确保采购到这些商品，那么将是对公司利润的一大贡献。通常对市场行情的把握，分为看穿商品市场潜力的眼光，和以什么方式可以销售什么商品的判断力。优秀的采购人员必须兼具这两种能力，如此才能提高采购水平。

3.掌握现场实务经验采购人员应该不单纯只是采购人员，对于营业运作也应有所了解，如此一来，才不会采购到一些与销售人员期望相差太大的商品。因此采购人员要尽可能在短期间内，积累足够的现场经验，以增加正确判断的几率。

4.多选几家供应商作比较，为了取得最合理的价格和最优质的产品，我们可以请数家供应商先估价，供我们比较价格，进而从中挑选在各方面皆适合我们的商品。

5.不可透露采购预算要让供应商摸不到我们的底细。因为当我们的预算被知道以后，供应商一定会开价预算相近的金额，这样我们的地位就被动了，无法取得比我们预算更优越的条件。

6.付款日后再进货这对于利息的赚取有极大的帮助，特别是对于中小型专卖店而言。

7.不要落入杀价圈套有些采购人员无论如何交易，只会杀价，而没有考虑其他交易条件。供应商知道采购有些惯例，必会去提高价格等候采购人员杀价。这对我们并无帮助。真正使对手感到恐怖的应是洞悉市场行情，商品知识丰富，擅长分析成本的人，采购人员应以此为目标。

8.实现与供应商双赢的信念是非常重要的。假如凡事只顾及自己，其他一概不管，那供应商亦会与我们只保持泛泛之交的关系。假如我们不提供给对方好处，则我们也难取得对方的回馈。惟有贯彻双赢的信念，对于彼此的发展，才会有很大的助益。

9.与供应商保持良好默契这是双赢信念的延伸，对于彼此的公司文化、行事习惯、交易条件等，也都培养出默契进而使得双方增加业务效率，减少不必要的精力、时间的浪费。

10.灵活运用供应厂商要运用供应商，首先必须了解供应商，了解其特征之后，才能依据其特色，看出其可在哪一方面对我们有所帮助。

11.最大程度地公开询价信息。参照公开招标做法，金额较大或技术复杂的询价项目，扩大询价信息的知晓率，信息发布要保证时效性，让供应商有足够的响应时间，询价结果也应及时公布。通过公开信息从源头上减少“消息迟滞型”“不速之客”现象的出现。

对采购人员的技巧培训，归根结底是要掌握专业知识，熟悉市场。流通业是将各种民生消费品卖给最终消费者的产业，故商品种类繁多，且日新月异，采购人员必须努力透过各种管道及方式（包含检讨卖场人员的建议与反应，因为他们最接近客户），了解市场需要及趋势，而非坐井观天，如井底之蛙，自以为秀才不出门，能知天下事，究竟市场的变量太多，我们应尽量利用一切资源，掌握它们，做好知已知彼，则必能百战百胜。

不能放松货品查验这根神经

红旗街新开了一家绿色农产品店，绿色产品深合现代人的消费理念，加上门店地理位置极佳，开业当月人头攒动，热闹非凡。眼看着销售势头良好，店主喜在心头，没想到刚刚进入第二个月就发生了问题。

门店陆续接到几起投诉，说门店售出的一批绿色非饲料鸭蛋有很多已经过期了，顾客甚至带着臭鸭蛋来门店来“踢馆”，正赶上该省正严查食品安全问题，一时间“臭鸭蛋”事件成了社会焦点。

店主忙扑火忙得焦头烂额，指责某地供货商提供的鸭蛋质量不过关，但还是没能挽回门店声誉。这家开张不长时间的农产品店，很快就倒闭了。

我们回头看一下这个案例，就会发现，问题是出在货品查验这一关上，事发后才指责供货商已经没有任何意义了。如果店主在采购时，能认真地对鸭蛋进行抽样查验，有问题及时与供货商沟通换货，那么就能够防止这一事件的发生。

上面的案例中，我们可以说是一笔交易毁了整个门店，这里面的教训是深刻的、发人深省的。但是货品检验还只是冰山一角，一笔采购业务，特别是金额较大的业务通常涉及到采购计划的编制、物资的请购、订货或采购、验收入库、货款结算等。因此，应当针对各个具体环节的活动，建立完整的采购程序、方法和规范，并严格依照执行。只有前期执行到位了，才能最大限度地防止错弊，保证货品的质量。

店主在货品查验方面有两个工作重点：

首先，入库验收控制要严格把关。应根据购货单及合同规定的质量、规格、数量以及有关质量鉴定书等技术资料核查收到的货物，只有两者相符时才予以接受；对于所有已收到的货物，应定期完整填写收货报告，将货物编号并登记明细账簿，对验收中所出现的问题要及时向有关部门反映；货物入库和移交时，经办人之间应有明确的职责分工，要对所有可能接触货物的途径加以控制，以防调换、损坏和失窃。

其次，店主必须做好货款支付控制。发票价格、运费、税费等必须与合同符合无误，凭证齐全后才可办理结算、支付货款，如有部分退货，则注意要从原发票中扣除后再办理结算；除了向不能转账支付和不足转账金额的单位、个人支付现金外，货款一般应办理转账。在购货发票以外增加的费用如装卸费、搬运费以及在途货品的损耗等，支付前必须经会计部门进行审核，有关部门进行耗损原因分析，以确定其合法性和合理性；付款凭证要连续编号，付款业务及时准确记录；与供货商定期联系，了解未付款情况，追查耽误原因。

实际工作中，具体的检验内容有哪些呢？

（1）合格证检查

检查产品是否有合格证，合格证上是否有检验机构和检验员签章。

（2）清点检查

重点检查商品数量、包装质量及其完好性。

（3）抽样检查

抽样应按相应验收标准，采用随机抽取法取出代表样进行检查。

（4）索取有关质量证明

按“随货同行证书的管理程序”操作，向供应商索取有关质量证明，如进口食品卫生证书、进口药品检验报告书、质量保证书等，并与采购订单的内容进行对照，检查是否一一对应，准确无误。索取证书应及时传给指定质检员存档，按“随货同行证书的存档操作流程”进行管理。

（5）标志、包装检查

对所抽样品进行标志检查时，严格按照《商品质量验收标准》进行检查验收。检查包装是否牢固，是否可能因包装不良而使商品受损及包装本身是否受损。

（6）对有使用期限的商品进行检查

应重点检查有使用期限商品的生产日期、进货日期是否符合《商品质量验收标准》的规定。

（7）感官检查

对商品进行感官检查，根据标准或经验判定产品质量。

在这里，我们还为店主们总结了一些高效的验货方法，希望能有所助益：

情况一：货品一次性到达，所用验货方法为：

一、当减当入法

执行步骤：

1.检查货品包装是否完好无损；

2.找送货人当场监验货品；

3.先数大件（箱）数，确认后方可开箱验货；

4.开箱后，再分别把当箱（箱内）数量与箱外所贴示的数量（明细）核对；

5.实际数量与箱外贴示的数量相符后，再把货品按款式、颜色、大小有序类分好；

6.最后将来货清单拿出与实货进行核对（实货收一件，清单上减一件）；

7.实货减完后，观察清单上的货品是否已经减完；

8.若确认货品无误后，并与送货人当场签写到货（收货）单据；

情况二：货品分批次到达并且第一批货品中没有来货清单时，所用验货方法为：

二、以据对据法

1.检查货品包装是否完好无损；

2.找送货人当场监验货品；

3.先数大件（箱）数，确认后方可开箱验货；

4.开箱后，再分别把当箱（箱内）数量与箱外所贴示的数量（明细）核对；

5.实际数量与箱外贴示的数量相符后，再把货品按款式、颜色、大小有序类分好；

6.把分类好的货品按照盘点的方法记录下来（即视为现收货品单），确认后要有送货人和接货人共同签字；

7.与送货人当场签写到货（收货）单据时应注明此次实收×件（箱），还有×件（箱）仍在途未收；

8.以后几批次也按以上操作（不管后期何时有来货清单）；

9.最后将所有现收货品单拿出来与来货清单进行核对；

注意事项：

1.来货清单和到货（收货）单据等要妥善保管，便于出现货品差异时查找原因。

2.收货方一定要送货方当场监验货品，并留下自据，以便货品出现差异时查找责任方。

3.检验货品一定要从数量、质量、尺码、颜色等几方面分别进行确认，以便当着送货方的面解决货品差异。

4.来货清单和到货（收货）单据等至少要有发货方、送货方、收货方等三方以上签字和确认。

5.货品整理分类一定要明确区分，防止漏验、多验或混验等情况的发生。

6.货品整理一定要根据货品标牌进行区分。

7.收货前一定要检查货品包装是否完好无损。

门店一定要建立健全商品结构表，并且非常清晰地注明商品的属性，必要时保留一些样品或资料卡片。店主们不妨参考沃尔玛的做法：专门设置样品库，隶属于采购部下设的商品行政部，商品行政部有专门的样品管理小组，做样品的管理，来货时按样品进行收货验货，把损耗降到了最低。

销售商品定价有讲究

春光路上新开了一个藤编专卖店，出售一些精巧的家居藤编制品，价位在30元到150元之间。售卖了一段时间后，发现销售量很低，店主想，一定是产品价位过高，当地人无法接受这样的价格。于是，店主决定少赚些钱，将商品普遍降10元，比如原价100元的，现在卖90元。可是销售效果还是不理想。

一天，店主一个做零售的老朋友来店里闲聊，知道了店主的苦恼。于是笑着给店主支了个招："我知道藤编的利润是很大的，你既然已经降10元了，那么一定不在乎再少赚2毛吧？这样你把原价30元的，改为29.80元，100元的改为99.80元，以此类推！"

这样能管用吗？店主将信将疑地改了价签，没想到改价后生意就兴隆了起来，店里的货物很快销售一空。

案例中店主降价10元，都没有起到促销的效果，而在朋友的指点下，降价2角钱，变整为零，立刻就获得了顾客的认可，这其中有什么奥妙呢？

原来这种把商品零售价格定成带有零头结尾的非整数的作法，销售专家们称之为“非整数价格”。这是一种极能激发消费者购买欲望的价格。这种策略的出发点是认为消费者在心理上总是存在零头价格比整数价格低的感觉。非整数和整数价格虽然相接近，给消费者的心理信息却不同。降价前后每个藤编制品的价格只差两角钱，但降价前给顾客的概念是元，而降价后给顾客的概念却是角。角比元显然低了一级，于是，在顾客的心理上就形成了这样一种印象：现价比原价便宜了许多。顾客当然会趋之若鹜。

商品定价策略对于商品销售有非常大的影响，定价合宜与否与产品能否及时打开销路、占领市场和取得满意的效益有很大的关系。

德国韦德蒙德城的奥斯登零售公司，经销商品十分成功。例如，奥斯登刚推出1万套内衣外穿的时装时，定价为超过普通内衣价格的4.5~6倍，但照样销售很旺。这是因为这种时装一反过去内外有别的穿着特色，顾客感到新鲜，有极强的吸引力。可是到1988年5月，当德国各大城市相继大批推出这种内衣外穿时装时，奥斯登却将价格一下骤降到只略高于普通内衣的价格，同样一销而光。这样，又过了8个月，当内衣外穿时装已经不那么吸引人时，奥斯登又以“成本价”出售，每套时装的价格还不到普通内衣的60%，结果这种过时的衣服在奥斯登还是十分畅销。

奥斯登零售公司的成功就源于其高明的定价策略，它牢牢地抓住了消费者的心理，在这场心理战中大获全胜。那么生活中实用的心理定价方法有哪些呢？

1.尾数定价。尾数定价又叫奇数定价保留尾数，采用零头标价，这种策略的出发点是认为消费者在心理上总是不喜欢整数价格而喜欢带尾数的价格。例如：29.80元或19.90元，比标价30元或20元要受欢迎。消费者会认为尾数价格是经过精细核算的价格，另外，在顾客心理上29.97元或19.95元，只是20多元和10多元的概念，比整数要少许多。一般价格较低的商品都采用这种策略

2.整数定价。采用含零凑整的方法制定整数价格，如将价格定为10元而非9.9元，这样使价格上升到较高一级档次，借以满足消费者的高消费心理。对于价格较高的商品，如高档商品、耐用品和礼品等则采取整数定价策略。它易使顾客产生"一分钱一分货"的感觉，提高商品的形象。

3.分组定价。针对消费者的比较价格的心理，把商品按不同档次、等级分别定价，使顾客便于按需购买，各得其所，并产生一种安全感和信任感，又能简化手续，提高效率，便于管理，增加收益。

4.声望定价。针对消费者"质优价必高"的心理，在顾客中有声望的企业商店或牌号的商品，可以把价格定得比一般的商品高一些，消费者还是能够接受的这种定价策略特别适合于药品、饮食、化妆品及医疗等质量不易鉴别的行业的商品。

5.招徕定价。即用低价策略吸引顾客例如有些专卖店有意降低某几种商品的价格以招徕顾客，目的是吸引顾客在买这些商品时，也购买其他商品。

6.习惯定价。许多商品在市场上已经形成了一种习惯价格，这一类商品不应轻易改变价格，免得引起顾客的不满。专卖店宁可在商品

的内容、包装、容量等方面进行调整，也不采用调价的办法。日常生活中的饮料、大众食品一般都适用这种策略。

7.特高价法。独一无二的产品要卖独一无二的价格。特高价法即在新商品开始投放市场时，把价格定得大大高于成本，使企业在短期内能获得大量盈利，以后再根据市场形势的变化来调整价格。如果你推出的产品很受欢迎，而市场上只你一家，就可卖出较高的价。不过这种形势一般不会持续太久。畅销的东西，别人也可群起而仿之，因此，要保持较高售价，就必须不断推出独特的产品。

8.弧形数字法。“8”与“发”虽毫不相干但宁可信其是，不可信其无。满足消费者的心理需求总是对的。市场调查发现，在生意兴隆的商场、超级市场中商品定价时所用的数字，按其使用的频率排序，先后依次是5、8、0、3、6、9、2、4、7、1。这种现象不是偶然出现的，究其根源是顾客消费心理的作用。带有弧形线条的数字，如5、8、0、3、6等似乎不带有刺激感，易为顾客接受；而不带有弧形线条的数字，如l、7、4等比较而言就不大受欢迎。所以，在商场、超级市场商品销售价格中，8、5等数字最常出现，而1、4、7则出现次数少得多。在价格的数字应用上，应结合我国国情。很多人喜欢8这个数字，并认为它会给自己带来发财的好运；4字因为与。死”同音，被人忌讳；7字，人们一船感觉不舒心；6字，因中国老百姓有六六大顺的说法，6字比较受欢迎。

9.分割法。没有什么东西能比顾客对价格更敏感的了，因为价格即代表他兜里的金钱，要让顾客感受到你只从他兜里掏了很少很少一部分，而非一大把。价格分割是一种心理策略。卖方定价时，采用这种技巧，能造成买方心理上的价格便宜感。

价格分割包括下面两种形式：

1.用较小的单位报价。例如，茶叶每公斤10元报成每50克0.5元。

2.用较小单位商品的价格进行比较。例如“使用这种饮水机平均每天0.2元电费，只够吃一根冰棍!”

店主们要明确这样一个概念，降价不仅会损伤整体品牌形象，而且一旦降价就很难再涨回去，而涨价也容易降低消费者对品牌的好感度，甚至产生严重的拒买现象。但并非绝对，很多商品通过涨价成功地提高了商品的价值感与品牌价值，而成功的降价也可达到大量销售及增强亲和力的作用，关键是要谨慎的进行价格调整，防止这柄利剑伤到自己。巧妙地定价，是商品营销中的一个技巧。

盘点时不能让肉烂在锅里

又到了卖场盘点的日子，店主将卖场上下动员起来，要求进行一次认真细致的盘点。

店员们暗地里叫苦连天：盘点要将卖场排面进行最后的调整定位，价签一一对应，清理排面后和地笼里的整件商品，补充货源，保证排面丰满，确保正常的营业销售……卖场很大，可员工又不多，排面的整理工作和盘点表的抄写工作也要分几天才完成，而同时还要清理仓库，仅靠上班的时间完全不够用……

鸡飞狗跳地忙了几天后，盘点结果出来了：帐物不符金额高达15.8万元，占当期销售额的4.4%。后虽经多次复查，调整了6万余元的票据，其他仍难以查明个中缘由。店主无奈之下只好安慰自己，好在肉最后也是烂在锅里。并打定了注意，以后减少盘点次数，要不也是费力不讨好……

卖场面积大，人手相对不足，仓库卖场盘点人员如何分配？每个人分配下的盘点区域较大，在规定的时间内能否在保证工作质量的前提下顺利完成工作？新进员工比率大，商品品类多，怎样才能避免或缩小差错率……盘点确实是一件让人头痛的事，然而不能因此就像案例中的那位店主一样懒于去做，盘点对门店来说是一次有意义的阶段性总结，因此该做的事情还要认真的去做。

盘点后经常出现五个不等于现象。即：1.期末门店存额≠期初门店存额+当期入店额——当期销售额——合理损耗——退库额；2.入店金额≠仓储配送额——退库额；3.当期财务销售现金流量≠当期门店实际销售额；4.财务当期库存量≠仓储库存商品；5.财务应付商品货款≠∑供应商贷款金额。盘点查错率高仅仅是表象，其背后必然有物流、票流的无序和管理混乱等上游原因。因此，店主一定要认真对待盘点问题。

盘点（包括盘帐和盘物），本是商业活动中的一个常规项目。开门营业是序幕，货架销售是过程，定期盘点是商业拼斗成果的阶段性总结。通过盘点既可回顾前期，又可预测后市，具有承前启后的特殊意义。从盘点本身来讲，并无多少复杂和不可掌控性。那麽，究竟是什么原因使现在的商业盘点如此尴尬，这般难受？细究起来主要由两方面的变化而引起，一是商品品种急剧增加，由过去的几百种扩展到了目前的少则数千种，多则上万种。品种多了，管理的难度也自然增大。二是进销存模式，由过去的副食商场小组直接运作，改进为购销分离，统一采购，计算机管理，大物流循环。面对剧烈的变革，很多门店的管理却缺乏规范化、标准化和制度化，表现出了明显的滞后和不适应。

在实际盘点过程中，店主要掌握两个公式和五个关口：

公式一，实际存货盘点：实际盘点金额（A）=盘点前收银机当日的营业额（Y）“+”盘点时所计算的存货金额（P）“–”盘点中的营业额的二分之一（Z / 2）。

公式二，盘损盈计算：盘点最终目的在于店内的盘损盈，计算出合理的成本率，才能进一步编制正确的损益表。从理论上来看，账面的金额应该等于实际盘点金额。盘损盈（K）=实际盘点金额（A）–帐面金额（E）若结果是负数则为盘损，正数则为盘盈。

第一关：验货入库关。这个环节内的问题可分为两类情形：一类属于失误或疏漏，常常出现票据数量和实物数量不符。如实际收货20件，而收货单上却写为25件；再如，当前收货的包装系数已变为1×16，而收货单据上仍为1×32。另一类是内外串通，蓄意欺骗。这种状况反映了超市在接货管理上有严重漏洞，长期一人接货，缺少轮岗和监督机制，久而久之被坏人钻空子。前不久就有媒体对某超市接货人员与供应商沆瀣一气，骗取企业70多万贷款作了披露。这一沉痛教训，怎能不引发我们的沉思和警醒。

第二关：信息录审关。用计算机实现单品管理，是商业史上的一个重要里程碑。但为满足管理需要，绝大多数商品单位由件、箱分拆成了袋，因而商品信息录入者，便常常与近乎天文数字打交道。面对枯燥的数字，再细心者也会手下有误。有供应商估算，某大型超市因数量误录，一年的损失至少不低于50万元。因此，大型超市均应采取录审分离制，以避免收货数量的“多零”现象。小型超市不便实行分离制的，也应由录审员严格执行自我审录，自我修正程序。

第三关：售卖收银关。一般来讲，POS机收银只要价格信息录入无误，就不该出错。实则不然，一是有的顾客惯于偷梁换柱，把低价的商品码撕贴在高价商品上，收银员只顾扫码，不看商品。二是一组商品（1*6，1*4），按单个商品收银等。

第四关：商品离场关：无论是破损商品返厂，还是报损，都必须有严格的离场程序。同时，坚决杜绝有关负责人打白条现象。即使是自家的门店，店主也不可随意违规，给经营管理造成漏洞，给盘点带来无端的困难。

第五关：盘点作业关：盘点是一项十分辛苦和细致的工作，须事先作好单据的汇总整理，商品的归类码放，数量的认真校点和未贴商品标签。对于初盘中的错误，通过人员交叉复盘后，一般均可发现和纠正。况且，随着盘点扫码枪的应用与普及，将会大大减轻其劳动强度，提高盘点准确率。

此外，为了确保准确性，盘点过程中还应注意一下细节问题：

1.盘点单必须用正楷字和阿拉伯数字填写，不得发生涂改。若盘点单出现涂改/模糊/或没有按要求空格/分份填写的则一律作废，记录人员必须重新填写并承担相关处罚！

2.盘点的记录和核对人员必须确保自己所记录的数据与实货相符。若出现漏盘/多盘/混盘等情况的相关盘点人员就根据所盘出货品的价格予以赔偿！

3.参与盘点的人员必须服从安排，不得擅自离开盘点区位或与其他同事发生争吵、说笑或玩弄手机等。若参与盘点的人员扰乱盘点秩序时，就予以警告处罚！

4.盘点中人员安排至少要按新老搭配，一报一填和一审一核的方式进行，并且要严格按照货品上的吊牌上报和统计货号。

5.记录的时候若出现单页盘点单没有统计完该区域的货品可另起一页继续，而且不同的货号也要通过一定的手段明确的区分开（如空格等）。

6.盘点结束后，其余不整理数据的人员要将货品归位并整理顺当，最后将卫生打扫干净，做好明日营运的前期准备！

对店主来说，盘点的目的就是为了准确的获悉货品的现存实数和检测前期账务的实虚，同时也是为下期营运或交接做好货品期初实物和期初的货品账务。可以说每次的盘点对门店运营都是一次有益的促进，而知其利害就要确保每次执行的准确性，如果要确保数据准确（盘点没有差异）也就意味着必须确保盘点方法的准确性和可操作性。因此盘点的方法店主必须根据店铺的面积比例或空间规划的不同而灵活掌握。

热情服务招揽回头客

某品牌鞋在一个平价卖场开了家店中店，应该说该品牌鞋在这个地区是很占优势的：款式新颖、价位中等偏下，但不知道为什么销售业绩一直不是很理想。

公司请了一位营销专家到门店去看一下，找出销售不利的原因。当专家赶到门店时，正好看到这样一幕情景：一位中年女士手拿一双亮漆皮的男鞋要求换双大号的，原来她的丈夫买回家后发现鞋小了有些挤脚，但是因为工作忙只好等到周末来换。售货员冷冷地拒绝了，理由是已经过了三天换货期限，虽然没有穿过也不能给换了。

但中年女士一直恳求换鞋不肯离开，可能是顾及店面影响，十几分钟后店主出现了。他告诉中年女士说：大一号的鞋已经没货了，所以无法更换，中年女士只好无奈沮丧地走了。

等顾客一出门，店主就告诉店员说：卖出去的东西谁给她换货呀，净找麻烦，下次有这种情况，就直接告诉她要的号已经没了。说完店主甩手而去，专家觉得自己已经找到店面销售业绩不佳的原因了。

25%
25%
25%
korting
25%
korting

平价鞋店价位低，深受工薪阶层欢迎，如果做好了本来应该是回头客盈门的，但是案例中的店主却给做成了一锤子买卖。换货虽然麻烦，但是对方新鞋未穿并不会给门店造成损失，如果应顾客的要求热情换货，那么门店很可能就多了一位回头客。

招揽回头客是门店经营的重要工作之一，也是提升门店业绩的重要手段，案例中的店主连最基本的售后工作都做不好，就更不用说做其他的提升顾客回头率的工作了，该门店运营不好的原因就在于此。

任何人都懂得权衡利弊，两利相权取其大，两害相权取其轻。做一锤子买卖，到头来只会是“拣了芝麻，丢了西瓜”。店主们要把眼光放长、把眼界放宽些，不要以为把货品销售出去就万事大吉了。

要提高单店效率，必须增加顾客的回头率，巩固顾客忠诚。留住顾客的方法有：

1.完善售后服务体系

举一个销售界很有名的例子：有个汽车销售员在向客户推销了一辆汽车后，每隔3个月就要跟客户打个电话询问汽车的使用状况，询问是否需要帮助？客户很乐意接到这样的电话，然后很友好地对他说：“没有任何问题，一切运转良好，谢谢你的关心。”然后客户很自豪地对他的邻居说起这样的事情，不久邻居也成为了这名销售员的忠实客户。客户在购买汽车的同时，还向这名销售员购买了汽车零部件，以后汽车的更新换代也首先找这名销售员商量，要销售员给他推荐一款新车。

售后服务不是销售的延伸而是销售的一部分，购买商品不仅仅是购买商品本身，而且也包括售出商品前后与此有关的所有的服务，店铺有义务和责任对其售出的产品向用户提供优质的服务。良好的售后服务才能让顾客免去后顾之忧，实现“买得放心、用得舒心”的购物目的。只有做好售后服务才能不断提升门店的回头率。

2.让顾客对门店一见倾心

目前市场竞争的范围和激烈程度是前所未有的，在销售商和购买方的博弈中，主导权开始转移到顾客的手中。不从顾客的角度出发考虑问题，不能使顾客满意的店铺，注定要被淘汰出局，而“顾客满意管理”是以顾客满意为核心的管理和经营方式。顾客在每一次与店铺发生接触时，他们会根据自己的感觉对其产品或服务做出评价，该评价将决定他们的后续购买行为，所以店铺必须要重视产品和服务的质量。

3.与顾客举办联谊活动

联谊活动和情感交流活动很有价值，能够满足顾客的爱好，从而加强顾客与店铺的联系。通常，建立顾客与产品、服务、店铺的某种情感依恋的活动效果，或是联谊活动的效果，主要取决于店铺了解和接近关键顾客的兴趣或情感联系的能力。

4.成立顾客俱乐部

与联谊活动接近的忠诚策略是组建顾客俱乐部。当顾客一旦参与购买或承诺按一定数量购买，或者缴纳一定的费用就可自动成为俱乐部成员。店铺组建顾客俱乐部的能力大小取决于产品、服务的特性，但通常更多地取决于店铺的个性和诱导顾客的因素。当店铺能让顾客相信他能从与其他顾客的交往中获益时，就能组建起顾客团体。在顾客团体中，店铺品牌通常成为联系群体关注的中心。

5.调动员工的积极性

没有什么能比得上被别人像对待期待老朋友一样来对待自己更让人感到亲切了，许多人都说他们去一个店去买东西就是因为那里有一个职员接待他们并使他们感到很热情。培训员工的亲和力，调动员工的工作积极性，当每个员工都高度热爱自己的店铺，热情对待店铺的每一位客人时，那么店铺在顾客面前就有号召力，自然提升了店铺的竞争力。

6.回报回头客

采取顾客分级的方式，对忠诚度越高的顾客做越多的投资，让他们享受特殊的优惠和更多的好处。比如，许多商家发行自己的VIP卡，用于奖励自己的常购顾客，顾客在持卡购物的时候就可以获得一般消费群体所不具备的优惠。对于具体的产品而言，则通常会使用下一次消费的折扣券或者累积购买的特殊奖励来达到奖励客户的目的。优惠、积分等方式很容易被竞争者模仿，因此，顾客易于受到竞争者类似促销方式的影响而转移购买。所以，单纯以经济杠杆是无法打造顾客忠诚度的，必须结合其他方式，创造无法模仿的独特价值主张。

7.记住顾客的长相及相关特点，与顾客多沟通

某品牌的一个店主曾这样记录了他的服务心得：每位进店的顾客当他们跨进门店的那一步就要仔细打量他记住他的长相或他的特点。在顾客下次再来时，会认出他，甚至在某天路过他们店时，一定与他点头笑着说："您好！"而顾客也会很自然的点头回应。当他第三次来时，我会像朋友一样与她交谈，并让顾客记住我。当他第四次来时我会很主动热情的以美女、帅哥、阿姨……很亲近的与他打招呼，让顾客感觉到我是值得信任的朋友亲人，与他聊聊家常，闲聊想尽一切办法让顾客能在店内多留一会，增加购买机会。

一笔交易往往会有三笔财富。一笔财富是工资和提成，另一笔财富是经验的积累，第三笔财富是良好的客户关系。店主需要转换观念，把提高回购率当成自己工作的重点，用心去揣摩消费者的购物心理，以顾客为中心去思考问题，这样就会变被动为主动，真正赢得顾客的信赖与支持，提高门店的销售业绩。

不能把顾客的投诉当找茬

某国产名牌鞋专卖店发生过这样一件事：一次一名顾客怒气冲冲地找到店主，说："我在你们店花三百多元买了一双鞋，没穿几天开胶了，要来退，售货员不给办！你们就是说一套做一套，骗完钱了事！整天说什么顾客是上帝，我看就是挂在口头，贴上墙面上的空话！"

店主也很不高兴，情况都没说明白怎么就开始人身攻击了。于是勉强压下火气说："这位先生，我们的保修票据上说的很清楚，开胶了只能修不能退！"

没想到顾客更火了，喊着要去找消费者协会投诉，找媒光曝光你的品牌。店主也不示弱，干脆"据理力争"，最后这位顾客嘴里嚷骂着出了店门。

门店运营过程中往往遇到鞋开胶，掉皮脱漆，容易掉扣，穿着挤脚磨脚，不合脚，两只鞋颜色不一样，鞋子出现了褪色问题，穿鞋弄伤了脚等情况，顾客产生抱怨一般会有难听的言语，大叫大喊，嘴里还会骂人，会发火，与店员交涉中，甚至动作粗鲁。面对这种情况，店主一定要保持冷静，千万不要把顾客的抱怨当找茬，避免态度强硬地处理问题。

案例中的店主就处置失当了，在任何情况下都不能与顾客争吵。一般而言，先让顾客安静下来，别直接谈鞋；处理抱怨之前先要抚平顾客的心，千万不可以争吵，如果时间和地点都不适合解决，那么可以改变时间和地点，为了不影响其他顾客，可以把顾客带到门店的里间，比如把顾客请到门店仓库里单独谈，先倒杯水，分析售后要领，跟顾客解释一下，属于保修范围，鞋子是可以免费修好的，消除顾客的怨气，换位思考，也可以提供一些物质上的补偿，比如送几双鞋垫或袜子等礼品，或者承诺把鞋修好再送一张优惠卡，用实物或优惠卡表达你的歉意；让顾客消除怨气，还可以根据顾客提供的电话及地址在第一时间把修好的鞋子送到了顾客家里，相信顾客体会到你的诚心，也会非常感动的。

受理及处理顾客投诉并非愉快之事，但店主对待投诉应持重视的态度，并将其看做是改进店铺对顾客服务的有利机会。为此，处理顾客投诉时应遵循下列原则。

1.真心诚意帮助顾客

设法理解投诉顾客当时的心情，同情其所面临的困境，并给予应有的帮助，接待好顾客。首先应表明自己的身份，让顾客产生一种信赖感，愿意并相信自己能帮助他解决问题。

2.绝不与顾客争辩

无论前来投诉的顾客情绪如何激动、态度如何不恭、言语如何粗鲁、举止如何无礼，接待人员都应冷静、耐心，而绝对不可急于辩解或反驳，与顾客争强好胜。即使是不合理的投诉，也应做到有礼、有理、有节。既要尊重他们，不失顾客面子，又应做出恰如其分的处理。

3.迅速进行处理

在处理顾客投诉的问题上，与通常的规律相反，时间拖得越长，顾客的投诉不但不会渐渐消减，反而会越积越大，处理起来也更加棘手。因此，在处理顾客投诉时，要预作“速战速决”的准备，投诉处理着手得越早，就越可能妥善地化解投诉。

4.拿出诚意

诚意是打动各种各样顾客的法宝。准备以诚动人的店铺通常都能在顾客投诉处理中取得良好的效果。诚意是处理顾客投诉时的必备条件，它绝对是基本中的基本。如果没有诚意就没有信赖。

面对因为不满而投诉的顾客，惟有诚心诚意全力补救才能化解彼此之间的敌意。

然而，诚意说来简单，做起来就不那么容易了，它要求客服人员不但要有超强的意志，还要不惜牺牲自身的利益。总之，竭尽所能，去重新争取顾客的信任与好感。

5.不要希望问题会自动消失

有时，店铺无视顾客的投诉，等待问题自动解决，将顾客的不满抛到脑后，这样将会极大的损害店铺在消费者心目中的形象。

对于顾客的投诉，无论大小，都必须慎重小心地加以处置。因为顾客之所以对其提出不满，表示他们重视该店。当该店对他们的意见未予重视甚至不理不睬时，顾客的不满会更加积聚并最终离其而去。

6.维护店铺应有的利益

处理投诉亦不可损害店铺的利益，尤其是对于一些复杂问题，切忌在真相不明之前急于表态或当面贬低店铺及其员工。除非顾客物品、财产因店铺方面的原因遭致遗失或损失外，退款或减少收费等方法并不是处理投诉、解决问题的最佳方法。应弄清事实，通过相关渠道了解事情的来龙去脉，在真相清楚后，再诚恳道歉并给予恰当处理。

7.给予特别关心

使用姓名称呼顾客并告诉顾客将处理此事，千万不可采取怕麻烦或“大事化小，小事化了”的态度，而应尽快着手解决。

8.不转移目标

无论当时多忙，都应将注意力集中到顾客所投诉的问题上，而不可随便走开或随意引申，更不可发牢骚以嫁祸于他人或责怪商场等。

9.记录要点

将顾客投诉时的主要内容记录在备忘录上。这样做，不但能使顾客的讲话速度放慢，以缓和其激动的情绪，而且还能让顾客感觉到商场对其投诉的重视程度。此外，记录的要点亦可作为今后解决问题的依据。

10.把要采取的措施告诉顾客

听完顾客投诉的问题，应立即考虑并决定需采取的解决办法，并将其告诉顾客。若有可能，可让顾客选择解决问题的方案或补救措施，以尊重他们。切忌只一味地向顾客道歉、请求谅解，而对顾客投诉的具体内容置之不理，亦不可在顾客面前流露出因权力有限而无能为力的态度。

如果商品瑕疵或服务质量不能令顾客满意，就应当承认错误，并争取顾客谅解，而不能推卸责任，或者寻找借口，因为理在顾客，任何推诿都会使矛盾激化。承认错误是第一步，接着应当在明确承诺的基础上迅速解决问题，不能拖延时间，在事发的第一时间解决问题成本会最低，顾客会认可，否则一旦时间长了就会另生事端。

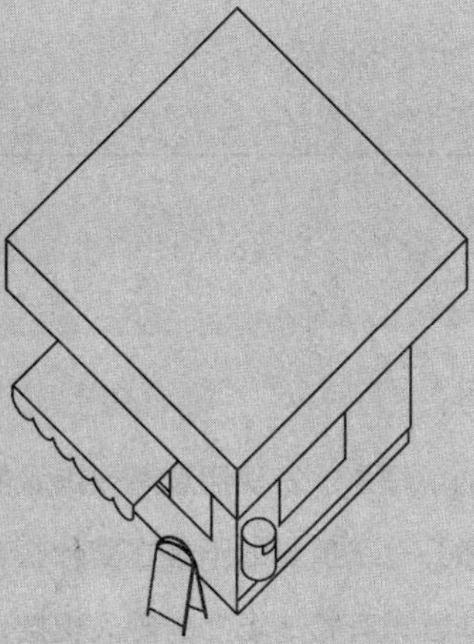

第四章

销售做好三件事：

引流、展示、导购

销售最简短的解释是：发现还没有被满足的需求并满足它。当今市场竞争十分激烈，“重要的不是在卖什么，而是怎么卖”，商场如同战场，店铺营销有如战场上的短兵相接，是近距离甚至是零距离地接触顾客的营销战。店主必须有足够的勇气和谋略，运用个性化营销手段，才能激发顾客的购买欲望，并最终实现门店的火爆销售。

新店开业是营销的最佳时机

新店开业时，店主要努力培育顾客，无论新店开业多么吸引人，促销活动如何有效，能促成立即销售的也只是一部分，而其他就会成为下次的机会，这需要对顾客进行分类培育（包括：顾客来源管理、顾客线索的跟踪、成交机会的认定、对顾客多方面的关怀等），以保障开业后门店销售后期的业绩持续增长。

陈先生在某个高档小区附近开了个临街门店，主营地方特产。店面货架都是现成的，也不需要装修，陈先生付了租金转让费后没几天就可以开张了。经过测算，陈先生把开业日期定在了3月24日星期二。开业当天，门口摆了两个花篮，放了一串鞭炮，但是店中顾客却没有几个人。陈先生觉得这一点可以理解，周二嘛，小区住的大多是白领一族，这时都在上班呢，以后会慢慢好起来的！

可是，后来的销售情况跟陈先生预想的却有点不同，开店当月营业额很不理想，该做的促销措施也做了，新店开张当月销售应该不错的，问题出在哪呢？

陈先生很顺利也很迅速地开了一家新店，但是有时候这种“顺利”“迅速”也并非是什么好事，很多工作繁忙的小区住户可能都还不知道小店已经易主且转换了经营品种，这对于新店的宣传是很不利的。店主应该把营销意识贯穿始终，从店铺装修开始就要努力增加周边顾客对店铺的期待度。

另外开业当天是个促销的大好时机一定不能白白浪费。陈先生在明知小区住户主要为上班族的情况下，仍然把开业日期定在了星期二，这可能是出于某种“风水”上的考量，但对小店来说，这种风水远没有人气重要，把开业日期选在利于宣传的周末才是明智之举。

无论大店还是小店，每一家新店开业，都凝聚着店主的无数心血，你可能在前期工作中为选址费尽心思，为装修熬红双眼……但是如果不能在开业时一炮打响，吸引顾客的注目，那么你的前期努力至少就白费了一半！

开业第一天，是我们生意的开始，同许多第一次不一样的是：我们前期会有大量的准备时间，来筹备开业第一天。开业当天的销售状况和火爆程度直接影响到今后的经营状况，而如何能在开业当天一炮而红，是每个店主都要认真思考的大事：

1.装修期间就要开始宣传

很多店在装修期间的促销策划是一片空白，十来天的装修期，店门口人来人往，白白浪费了，其实这时可以做一个显眼的大喷绘，一个临时性的广告，花费不是很多，一百元左右就可以，广告内容可以是即将开业的品牌形象宣传，也可以是开店促销策划的一点透露，还有一种省钱的方法就是拉一个条幅，上写“距××××

店开业还有多少天”，也是不错的，造成顾客的期待与好奇感，为即将开业造势。

另外制作精美的招聘广告也是宣传品牌的好机会，很多店只是简单的写个招聘二字或几句招聘要求；因为开店必然要涉及招聘导购人员，精美的招聘广告有时意义大大超过招聘本身，起到很好的宣传作用；其实我们以前也看到一些（公司）在报纸上通过整版的招聘广告来显示（公司）的实力，道理与这个是一样的。

2.开业时间要选在周末

可以不相信什么良辰吉日，但开业时间的选择是很重要，要尽可能网罗最多的顾客，造成轰动的效果，一般是选在周五与周六开业是最好的，因为一周当中这二天是人最有购物感觉的二天，也是人流量最多的时候；顾客是有从众心理，喜欢热闹的，喜欢人多的；有的店主说得好，甭管今天做了多少业绩，看着人多就舒服。

3.尽全力营造开业气氛

开业一定要有开业的气氛，要让顾客知道你是在新开业。当然如果条件允许，也可以有拱门，一些人会搞些乐队之类，其实是没有必要，就象烟花一样，显得俗气且不匹配；开业气氛的营造是增加进店率，另外音乐也是非常重要的，而且一定是要有动感的音乐，没有音乐的店面是可怕的，开业时当你试着把音乐停下来，人们说话的嘈杂声一下子就凸显出来，大家会一下子显得不知所措，音乐声掩盖了人们的嘈杂声，同时也增加顾客的安会感，静悄悄的店面让女性顾客缺乏安全感，不利于放松心情购物。

4.要有促销策划

由于长期养成的习惯，如果开业没有一些促销策划之类，顾客会不适应，其实并不是要求赠品有多大价值，也不是要求一定要让利；店内分楼层举行不同促销活动，在门口的人流可以被分散到不同楼层；礼品领取处可以设置到最高层。这样将最多的人流吸引到最高层，然后令其从最高走到最低。

5.让顾客在开业当天就有购物体验

新店开业，顾客进店，顾客图的是新鲜，而我们则要让顾客有购物的体验；当顾客有了一次在店中购物的体验后，下次来，就有熟客的感觉，下次来心情就会放松；这就是为什么我们理发喜欢去熟悉的理发店而不会每一次都会去换一个地方；另外当顾客选购了第一件商品时，会大大增加购买其它商品的购买欲望；这就是为什么本来我们到（超市）只是为了买一瓶洗发水，最后搞了一大堆东西回来；所以准备一些价廉物美，人人都可以购买，多一个不多，少一个不少的商品，是非常有必要的；例如（超市）常常会把鸡蛋、洗衣粉、食用油做为此类商品；饰品店开业时总是会多准备一些小耳环，小戒指，指甲油之类，也是这种商品。

不要老套：营销方式要努力创新

十一黄金周临近了，周先生又开始为十一促销忙碌起来。周先生是一家品牌服装店的店主，他的门店位于某卖场中。

那么十一促销都有哪些活动呢？

“还不是老一套！折上折，返券。”

那么，促销效果如何呢？

“一般般。”周先生无奈地说，“你家打折他家也打。看着热闹，其实也没什么实际内容。我们也是没办法，促销手段就这几种，总不能别家店都促销了，你还撑着吧。”

周先生说出了很多店主的无奈，在市场竞争激烈的情况下，促销推广处于乱、散状态，各门店都纷纷进行打折、买赠、会员服务、积分有礼、抽奖等程序化促销。周六、周日各卖场门口一家一家的路演接踵而至，费用不低，但真正的目标受众有多少？品牌、产品信息传递了多少？对现场销售提升了多少？顾客已经对这种促销习以为常了，每次促销过后，门店就会陷入一个销售低谷，除了表面上的热闹，实际上对销售业绩的提高并没有多少帮助。

秋季减价
7折
65折
GAP
柔和色
SOFT & COLORFUL

另外，随着节假日的增多和消费方式的改变，各品牌厂商的舞台空间也逐渐拉大。节假日多了固然是好，但若是一味常规性地打折让利，消费大众也会日渐生厌。对消费大众来说，消费水平和眼光越来越高，一些没有新意的促销，就很难吸引眼球，并跳进硝烟弥漫的竞争海洋中；而吸引了不了消费者们的眼球，就很难激发消费购买兴趣和欲望，自然也就很难实现销量的提升。

美国消费者协会主席艾拉马塔沙曾说："我们现在正从过去大众化的消费进入个性化消费时代，大众化消费的时代即将结束。现在的消费者可以大胆地、随心所欲地下指令，以获取特殊的、与众不同的服务。"促销不能总是墨守成规，换个形式，换个有新意的促销由头和主题，就成为竞争的核心所在。因为一个富有成效的促销活动，首先在利益和立意上，务必新颖并富有新意，方能出奇制胜。

1.主题要新

悬念型：制造悬念，以吸引消费者关注。这种主题适合以产品特性、活动内容形成悬念，适用于产品上市期或淡季驱动。如××月饼上市而推出的"××月饼，步步高升"促销主题，反常规在淡季促销旺季提价，赢取消费者关注与参与。

事件型：紧扣住品牌事件行销、社会新闻焦点点、企业热点，借势在终端促销提升，适用于淡季驱动与旺季提升。

节日型：与传统节日文化内涵相融合，例如十一长假欢乐购物、仲秋节团圆相聚、元旦、春节送福送礼，用节日主调的词语来创新。如某卖场推出的"迎奥运购物盛典"促销主题，"迎奥运"点明时间性与特色性，“盛典”体现规模与冲击性，整体气势强。

区域型：结合促销内容借助区域名称来扣主题亲情，用于区域市场成熟期刺激提升，如“某某饺子，家乡的味道”促销主题，亲和力强。

2.内容要新

地域特色：如果商品富于地域特色，那就要努力将当地文化特色融入促销推广，为活动增加亮点，有助于提升品牌形象，形成良好互动。在某产品路演活动中，将流行歌与劲舞抛弃，利用二人转进行有效信息传递，取得了良好的人气聚拢与销量提升。

利用产品属性：利用产品特色来设计促销活动，以独特形式与促销策略吸引消费者、并产生冲动购买。某粽子品牌在端午节期间以“免费品尝、限时抢购”为内容，以品尝来吸引人、以时间紧迫来督促购买，使消费者产生冲动购买。

实施优化组合：将传统买一送几的套餐、抽奖、返券、积分等传统促销工具进行优化组合创新，让传统工具焕发新意，以新颖形式实现有效诱导购买，如将买一送一（低附加值赠品）换为买一件加1元送××（高附加值赠品），实惠而乐意；将传统的抽奖改为现场的飞镖中奖或扎气球中奖，吉利好运。

自造节日促销：根据产品特性来自行造节，通过节日规模气势来形成强势品牌传播与促销，加深产品、品牌记忆点，如保暖内衣品牌暖倍儿推出的“暖倍儿温暖节”、家电企业夏季推出的“制冷节”“家电博览会”。

拓展异业结盟：将产品属性具有相关性、品牌形象具有匹配性的异业产品捆绑进行产品推介、促销，有助于提高品牌权威性、打击对手。

选择特色赠品：目前促销赠品质量低、实用性不强，特色赠品将成为消费者追逐的热点，一是要求奇、特，如脑白金里放置金砖的促销，量虽少，但奇；二是要求相关、实用，酷儿产品上市促销配增的“酷儿玩偶”无异是品牌相关性强，更符合儿童玩要心理。

3.陈列创新

陈列最大化：根据促销活动内容形式及时进行卖场产品陈列调整出样，将促销主推产品按照产品陈列规则进行最大化展示，并争取人流量大和便于拿取的位置陈列，借助彩条、鲜花、爆炸贴的小点缀营造欢乐气氛，无形中推介影响。

物料异形化：突破传统物料的形状单一，方形吊旗、堆头、箭头地贴……同样的促销物料，形象很难跳出来，必须结合促销主题、品牌形象来设计异形化物料区隔竞争品牌促销，如在为海尔家电策划时，就将产品模型喷绘做成吊牌取代吊旗；某草原奶酪在卖场推出配置草原、奶牛系列的异形堆头。

零售业终端促销竞争越来越激烈，平淡促销容易被淹没，而单一价格战也让消费者厌倦、销售人员疲惫。要突围，促销必须升级为环节的创新（广告、形象、形式、人员）与系统价值的整合之战，越想要让“促销”站在台前唱好戏，幕后的对消费者的分析、对产品特征的发掘、对渠道的要求、对价值的追求与解剖就越来越主要。在同质化产品充斥消费者眼球的时代，创新的促销活动无疑最能给产品一抹最亮的颜色！

商品陈列不能一成不变

商品陈列，在商品同质化的时代，已成为无声导购，高明的商品陈列，能够大幅提升商品的附加值，对消费者而言，美丽的店面陈列吸引的是眼球，撩拨的是购物欲望。因此，变化的商品陈列是为门店能够取得良好的销售业绩的途径之一，它会为门店的日常经营带来活力，同时检查一项商品陈列的变化的成功与否的唯一标准也将是商品的销售业绩。如果我们把门店比喻为一个女孩，那么店主就要努力成为高明的化妆师，你必须想方设法地修饰“女孩”，让她富有魅力，吸引更多的目光。

陈小姐开了一家品牌鞋店。前期工作中，陈小姐付出了巨大的努力，从店面设计到商品陈列、灯光选取无不亲力亲为。开业当天，顾客对优雅的店面设计、恰到好处的商品陈列赞不绝口，让陈小姐对小店的未来充满信心。

然而三个月过去了，陈小姐却开始愁眉不展：除了刚开业时热闹了一阵，小店的客流量、营业额始终不理想，很多顾客只是在店门口张望一眼就转身离开了，问题出在哪里呢？导购小姐衣着整齐、服务热情；店面设计大气精致很有品位；商品陈列合乎审美情趣，而且当初也是受过大家的表扬……直到有一天，陈小姐听到一位顾客进店后小声说了一句："好像也没什么新货嘛！"这才明白自己原来在商品陈列上犯了一个大错！

这家专柜的问题出在哪里呢？作为店主，陈小姐在商品陈列上犯了"懒"的错误，因为开业时专柜的商品陈列受到过顾客的表扬，便在以后的工作中，忽略了商品陈列应该适时变化，始终保持着最初的格局，摆设。

对于顾客来说，商场、百货、专卖店的物品极大丰富，各种新品层出不穷，大有"乱花渐欲迷人眼"之势，只有能够迎合顾客审美趣味，又不断带来新鲜感的店面才能吸引眼球，一成不变的陈列只会使得顾客在第一眼就产生厌倦感，而且也会造成"店里没有新货"的错误印象，直接影响门店的销售业绩。

生活中，很多店主对商品陈列的重视都不够，商品的陈列不是万能的，但确实会对整个店面的运营产生巨大影响，因此一个合格的店主必须对商品陈列的方方面面都要考虑到。比如，店面必须随着季节变化、节庆来临、品牌推广等变化而变化，不断保持商品陈列的新鲜感。一成不变的商品陈列就如同一潭死水让人生厌，谁在这方面偷懒，销售业绩都会把你的疏忽精确地映射出来。

店主们都应明白的一个道理是，商品陈列不可能是固定不变的，随着经营策略的改变，商品种类的调整，顾客层次的变化，季节的变化，不同时间段顾客群体的不同以及其他一些情况的改变，商品陈列都要适当地进行调整。

下面的一个小案例可能会给店主们一点启示。

某连锁日用百货店新换了一名店主，新店主经过一段时间细致的市场调查后发现，到这个店来的80%是女顾客，男顾客多半是随女顾客而来的。而这些女顾客中，白天来的大部分是家庭主妇，而下午5：30以后来的大多数是刚下班的上班族。针对这一情况，新店主改变了原有商品陈列一成不变的方法，决定在陈列商品上要区别对待这些女顾客，根据不同的时间更换不同的商品，以便迎合这些女顾客的不同需求。

白天，这个百货店便在醒目的位置摆上家庭主妇关注的商品，比如家庭日用品，还有一些特价商品、促销商品；而一过5：30就换上充满青春气息的商品，比如化妆品、新款皮包、前卫时尚的日用品等，凡是年轻职员喜欢的商品应有尽有。不仅如此，还根据季节变化调整了商品陈列：春：以绿色为主调，透出一股春天的气息，可以以一些调理性和保健性的食品为主，展开促销；夏：以蓝、紫、白等冷色调为主调；可以以饮料、冷饮等消费高峰期的食品，展开促销；秋：以黄、红、深蓝等暖色调为主调，衬托出商品的用途；冬：要以使顾客感到温暖的暖色调的红、粉、黄为主调，并以应季商品，展开促销。这一经营方式收效很大，两个月后，这家百货店的营业额就上涨了百分之十九。

毫不夸张地说，“变”是店铺商品陈列永恒的主题，店主们要改变过去商品陈列一成不变的懒人习惯。陈列要跟着季节的变化而变化；跟着消费者的消费习惯、消费需求的变化而变化；跟着未来消费趋势的变化而变化。通过这种变化使门店充满生机和活力，使顾客每次来到店里都会有新的感觉，新的收获，而店主也将因此不断刷新自己门店的营业额。

“流水不腐，户枢不蠹”，商品的陈列方法是在不停地摸索和繁衍的，不同的门店间的相同商品的陈列也各有不同。具体地说，商品的陈列的变化应做到以下几点：

1.季节性变化

店面陈列要紧跟四季变化，即每个季节主推什么商品要让每个走进门店的顾客一目了然。当令畅销商品应扩大排面，陈列在靠近主通道的醒目位置，并配合堆头、端架等促销陈列，突出季节性特点。服装行业的店主尤其要注意这一点，换季陈列时请让你的商品领先于季节的变化，因为时尚产业的季节总是领先于自然季节的时间表——在大雪纷飞的新年过后不久，顾客就可以在巴黎名店中感受到春季时装的流行趋势信息。

2.节日变化

节日消费与日常消费具有很大的差异性，对卖场超市来说，节日商品陈列也应体现出这种差异性，节庆商品应给予最大陈列资源，放量陈列，体现节日特点。除了季节和节日以外还有一些传统的消费习惯，如清明吃青团，立夏吃蛋，端午吃粽子等等，店主们也要跟上这种变化，努力挖掘传统节日的商机，并在陈列上予以充分显示。

3.掌握变化的节奏

季节性陈列、节日陈列应当是“潮起潮落”。“潮起”要早，节日商品、季节性商品的提前出样、抢得先机、“先行喂饱”，已成为各门店争夺顾客的重要举措，在这方面，店主们一定要牢记：“潮落”要快，落令商品以清仓处理或退货方式快速撤离，为下一个“潮起”腾出货架资源。

另外，还要提醒一下店主们：涉及商品布局变化的时候一定要“稳”。老顾客对店面布局比较熟悉，很容易找到需要的商品，如果经常变动则会引起顾客抱怨，因此，商品陈列的布局变化一定要慎重，想好了再做，并且引导标识必须及时跟上。

不能忽视了关联品陈列

一家连锁小超市位于一个居民区里，销售状况一直还不错。因为该店的店长辞职离开了，总部又派来了一位店长。

新官上任三把火，新店长到任后很快就对店面进行了一次大调整。店里的商品陈列让新店长很不满意：酒类货品边怎么能摆麻辣花生米、猫耳朵之类的休闲食品呢？换掉！换成饮料；女性日用品对面怎么都摆上了儿童用品，这样的位置应该放化妆品才对；低档酒和低档烟怎么能摆在门口这么显眼的位置呢？换成口香糖才对……经过一番调整后，新店长舒了口气——店面商品陈列看起来顺眼多了。

令新任店长没有想到的是，超市当月营业额居然出现了小幅度下降。这可能是偶然情况吧，等顾客适应一下店面布置销售情况就会好转的，新店长想。可是两个月过去了，情况依然没有好转，这是为什么呢？

原来这个居民区是个养老型居住区，一直以来小超市有两个稳定的顾客群：老年人和全职妈妈。前者喜欢三五个人买点啤酒、小点心，一起喝酒聊天；后者闲时总喜欢来小超市逛逛日用品，而每次买完家庭日用品也会顺带给孩子买点东西。另外，小区门口正在施工，很多民工进店买食品时总会顺便买点烟酒…….而新店主对店面陈列调整后，虽然看起来"规矩"多了，但是却无法顾及到商品的关联性，因此才会导致销售额下滑。

在寸土寸金的货架陈列竞争中，为了刺激消费者的购买欲望，门店常常采取按照类别陈列的方式便于消费者选择，有些品类（或产品）在消费者使用方面或需求方面是有较强的关联性的。如洗发水和梳子、啤酒和启瓶器、馄饨皮和馄饨馅儿、婴儿纸尿裤和婴儿湿纸巾等。如果将这部分用途相关及目标消费者一致的产品或品类摆放在一起或相邻陈列，很容易刺激冲动性购买和连带销售，从而提高购物者在商店的购买，而一旦忽略了这种关联性，那么就会直接影响销售额。

在日本一些大超市的货架上，尿片和啤酒赫然地摆在一起出售。一个是日用品，一个是食品，两者风马牛不相及，这究竟是什么原因？

原来，一家连锁超市的店长在按周期统计产品的销售信息时发现一个奇怪的现象：每逢周末，超市啤酒和尿片的销量都很人。为了搞清楚这个原因，他们派出工作人员进行调查。通过观察和走访后了解到，在日本有孩子的家庭中，太太经常嘱咐丈夫下班后要为孩子买尿片，而丈夫们在买完尿片以后又顺手带回了自己爱喝的啤酒，因此啤酒和尿片销量一起增长。

搞清原因后，这家超市的店长打破常规，尝试将啤酒和尿片摆在一起，结果使得啤酒和尿片的销量双双激增，为商家带来了大量的利润。

关联陈列的原则是：陈列的商品必须是互补商品。运用关联陈列时，要打破商品种类间的区别，尽可能体现消费者在生活的原型，也就是一定要贴近百姓生活。如浴衣属于服装类，但可以与洗澡的用具和用品陈列在一起，因为这正是消费者的日常生活。还有就是在运用商品的关联陈列的同时结合现代化的管理手段，将原本看似没有关联关系的商品陈列在一起，从而促进门店的日常销售。如同我们的上面的例子，啤酒与尿布看似没有关系，但是经过一系列的数据抽取，清洗，聚类，挖掘等分析之后，便会发现这样的生活习惯。

国外一些超市在夏季到来之际，往往会将一些夏天用的东西陈列在一起，但目前在国内，顶多是将蚊帐、枕席、凉席等放在一块儿做一个关联陈列，而在国外的超市里，往往要辟出一个夏凉区。在这个区域里，那些度夏的一些基本用品，从凉席到遮阳伞，从避蚊剂到防晒霜，乃至清凉饮料，几乎应有尽有，让消费者们足不出“区”便可一次性地解决问题。

但是，有些商品之间的关系表面上看并没有什么关联关系（相关性），比如啤酒和尿片，它们事实上又存在很强的依赖性。如果能够挖掘出这类隐性产品之间的关联关系，就可以大大提高消费者的随机购买，从而提高超市的利润率。

1.目标性强的关联关系

有些商品的关联关系会深刻地铭记在客户的心中。比如上文“啤酒与尿布”的故事中，年轻的父亲生活中不能离开啤酒，如果在门店里只能买到尿布，那么很有可能他会选择下一个商店，直到同时买到啤酒与尿布。从商品关联度的强度看，这种关联关系是典型的强关联关系，比如买红酒必须要有开瓶器、吃火锅必须要有调料、有人喝啤酒必须要有花生米等等，缺一不可，缺货时客户很有可能放弃购物。

2.联想记忆的关联关系

而有些顾客购物的随机性就比较大，某些商品的关联关系在顾客的脑海中有印象，但是到了门店就会忘了。比如家里来了客人，需要买一些猪肉、鱼、蔬菜、酒水、饮料、小吃回家。我们大家都有这种体会，买完东西回家一看，总有忘买的东西，有时就算了，有时还要再跑一次。这时门店必须要提醒顾客，否则很多顾客是根本想不起来的。

3.心理暗示的关联关系

有些商品的关联性很隐蔽，仅仅是根据顾客的动态需求而定的，这种关联关系并不存在于顾客的心中，要通过在门店中向客户暗示，才可能达到促成商品之间形成关联关系的目的。比如顾客到门店选购服装，看到展示区上陈列着温暖精致的男用围巾，旁边还摆着一个圣诞花环。于是就想到圣诞节快快到了，应该给自己的男朋友买一条围巾作为礼物。这样一来，门店就通过心理暗示向顾客卖出了原本不在购物计划中的商品。

上面对商品的关联关系说了很多，但是店主们还要注意，商品的关联关系有时还会因为地域的不同或者季节的不同而有所不同，所以对于商品关联陈列的运用一定要恰当，在中国如果将啤酒和尿布陈列在一起可能就会不仅影响到两种商品的原本的销售，同时还会因为顾客的误会而影响到顾客的购物情绪。故关联商品的陈列是要结合现代的商业BI手段，寻找出商品中真正的关系，才能起到使其发挥其原有的魅力。

店主必须明确一点：很多时候，关联产品代表了一类商品与另一类商品之间的关系，而不是一个具体的商品，因此调换商品与促进关联并不矛盾。另外，并不是相关陈列越多越好，因为过多的相关性陈列会导致超市管理的混乱，再者并非所有的相关性品类都可以做到就近陈列，因此，在满足了关联程度较强的品类相邻陈列后，还可以考虑在某些品类进行二次陈列来达到冲动性购买和连带销售的目的。

别让简陋的试衣间断送了商机

一位营销专家陪着妻子去逛商场，妻子在一家门面较大的专柜看上了一条长裤，导购小姐热心地请妻子去试衣间试穿一下，而营销专家就在专柜门口等候。结果十几分钟后妻子才回来，表情不是很愉快。

“怎么了？”

“别提了！她们店面弄得这么华丽，到试衣间一看，里面没有镜子，我头发弄乱了都没办法整理；也没有凳子，试条裤子也太费劲了。最夸张的是门还坏了，插销不能用，门也关不严！算了，不在这家看了，走吧！”

妻子率先走出门店，营销专家想了一下又走了回去，打算跟店主聊一聊。

“你们试衣间怎么不装面镜子啊？而且门应该修理一下吧！”

店主一脸无奈：“我也没办法啊！如果装了镜子，很多顾客根本不出来跟我们的导购沟通，自己看看就把衣服脱掉了！再说门也都是顾客弄坏的，本来就不结实，整天开开关关，我们修理都修理不过来！”

案例中的门店装修的虽然很豪华，但是偏偏留下了一个死角——试衣间。生活中，很多店主都对试衣间不够重视，反正顾客买的是衣服，总不会因为试衣间不够舒服，试了合适的衣服也不买吧？这么说也许没错，但是不知这样想的店主有没有统计过他们会因此流失多少销售机会？比如案例中的妻子，如果试衣间宽敞舒服的话，她很可能还会从店中多选几件衣服试穿一下，谁能保证她不会买下其中一件或几件衣服呢？从这个角度看，试衣间不是小节而是大事。

一项调查显示，试衣间状况已与服装款式、服装质量、导购服务等几大因素，一起成为影响消费者购物趋向的主要因素。对专卖店、商场试衣间卫生及设施表示不满的，占所调查的75%以上。商场、品牌专卖店的试衣间里，缺凳子的达55%，没挂钩的有10%，门上没插销的占20%，没镜子的占80%，没拖鞋的占65%，没灯光的占30%，面积小于1.5平米的占60%。另外，试衣间里堆放拖把、吸尘器、扫帚、废弃的衣服包装袋等也较为常见。

在狭小的空间中试衣服时，顾客稍不留神就会把服装蹭脏；由于有些试衣间门插销安装不齐全，顾客在试衣过程中还要一只手紧拉把手；有些衣服把试穿者身材的缺陷来个全暴露，由于内部没有镜子，顾客不得不走出试衣间在大庭广众之下进行“展览”…….试想面对如此之多的试衣考验，消费者的购物乐趣还能剩下多少？如果不想因小失大，店主们都应该认真清理一下自家的试衣间了。

服装店以豪华的装修来吸引顾客，是时下不少商家不惜用重金打造的一项工程。然而，即使是富丽堂皇的服装店，往往都在一个细节上出现了败笔——试衣间。试衣间给顾客带来的尴尬实在太多了，比如试衣间里没凳子，试裤子得“金鸡独立”；门锁坏了，试穿时意外“走光”；进了试衣间，就象进了桑拿房，全身湿透……细想这些事情的发生和试衣间里基础设施是否完善有直接关系。

店主们需要清楚地认识到这一点：试衣间这个不大的空间对于服装的销售工作却有着不可替代的作用，是顾客认可并购买服装的关键一步。作为顾客而言，买不买只有试了才能决定，可是由于服装店内的试衣间在隐私、大小等方面令顾客感到尴尬，从而减少试衣的情况实在太多了。那么，试衣间应该具备哪几个方面的条件呢？以下几点仅供店主们参考：

1.注意隐私问题

调查显示，试衣间最致命的问题，就是隐私性不够。每个人在试衣服的时候都要经历不可示人的阶段。所以在试衣间的设计上应该着重考虑保护顾客隐私的问题。比如说某专卖店试衣间的“门”都是布帘子，拉不严的会留下一条细缝，让更衣人心惊胆战。这种情况还算好的，有的试衣间直接对着楼梯之类的出入口，可以很清楚地看到上下楼的人，而从楼梯那里也可以很清楚地从布帘上方看见试衣室里的人。这样的试衣间即使准备更多，也无法让顾客安心的在里面试衣服。

2.面积不能太小

通常的试衣间都是恰好只能容纳一个人，尤其是那些内衣专卖店。如果你长得比较“肉”，那就抱歉了。试衣间是为所有来服装店消费的顾客们提供服务的，并不是只为身材好的顾客准备的，万万不可让试衣间成为体形较胖的顾客感觉羞辱的地方。

3.装修不能太简陋

许多试衣间内没有安装镜子。有很多人都希望自己试衣的时候可以不用出来照镜子，这样当穿上效果不好的衣服时就不必被其他人看见，例如那些能把萝卜腿暴露无遗的贴身裤；而且也不用被那些无论你穿什么都会赞扬一通的导购所误导。一个好的试衣间，在装修上要考虑顾客使用是否舒适，灯光是否能够衬托出明显的效果等。

除此之外，大部分试衣间在一些细节处理上还存在问题，如果不把这些问题处理好，仍然会对销售产生影响。

1.门的设计

试衣间在门的设计上基本分为两种，全封闭和半封闭。所谓全封闭就是试衣间的门直通屋顶，中间没有空隙。而半封闭就是门和屋顶间留有空间。

两种设计各有优点：全封闭门设计比较美观，让试衣间和整个卖场融在一起，空间感很强。缺点是进入试衣间时间较长的话，就会感到空气稀薄，闷热难忍，优点“好看不中用”之嫌。而采用半封闭设计，主要是为了方便顾客，如出现衣服尺码不合适情况，可以直接从门上方把合适货品递入。

其实，试衣间门采用哪种设计，要充分考虑顾客的感受，不但要美观，更重要的是舒适。如采用全封闭门设计，试衣间上方一定要有空调的排风口，保证试衣间空气流通和温度平衡。否则顾客就会产生闷热的感觉，不适合顾客在里面长时间停留。在没有排风的情况下，适合半封闭门设计，虽然有损美观，但有利于空气新鲜，而且也便于顾客更换货品。

2.镜子问题

很多品牌试衣间里都没有镜子，对此商家的书面性说法是：试衣间空间有限，不能很好地展示服装，顾客穿好后，在卖场大厅照镜子，视线更好。但是主要原因案例中说过了，其实是为了促进销售，这是用导购来帮助顾客完成销售的一种手段。如果试衣间放镜子，顾客在衣服上身后，觉得不好看就在试衣间里脱掉，难以形成促销机会。当顾客不得不走出试衣间在卖场照镜子时，导购可以给予指导，必要时稍作恭维，很大程度上能提高销售额。

但实际上在试衣间里不装镜子，这种做法是欠妥当的。顾客在试衣过程中，难免弄乱头发、妆容，如果说试衣间连个镜子都没有，会给顾客带来很多不便。更重要的是有的顾客体型特别，试衣间里没有镜子，衣服上了身也不知道好不好看，就得走出来站在众目睽睽之下，常遇尴尬。

商家在试衣间里一定要安装镜子，但镜子不可以过大，能照到上身或局部就行，以满足顾客基本需要。这样一来，顾客会自然而然走出试衣间寻找大镜子。试衣间里装小镜子，但试衣间之外的镜子，一定是越大越好，最好是几面墙上同时安装，能多角度，多方位的把顾客突显出来，提高美感，促进销售。

3.风格选取

商场里，服装品牌争奇斗艳，风格迥异。但试衣间绝大多数没有任何特色，并不能体现其品牌风格。有时甚至试衣间陈设和品牌形象格格不入，让人费解。比如有些时尚品牌，风格极为夸张、热烈，偏偏试衣间却是用古香古色的木头围成的，身入其中马上就有倒回一个世纪的感觉。

在日本，试衣间每平方米的投入是店铺每平方米投入的3—5倍，由此看出试衣间的重要性。比如在几个试衣间中悬挂不同的上市新品，若消费者看到试衣间的样品恰好中意，岂不是又给商家多了个赚钱的可能？有的试衣间甚至被装饰成了豪华电梯的模样，让人一下就记住了它的与众不同。

商家应该抓住每一个机会，向顾客传递品牌信息。试衣间就是一个最好的让品牌深入人心的场所，它就像品牌的“第二张脸”，考究的试衣间让人有了试衣的欲望，往往可能增加销量。部分商家不惜成本，设计出相当考究和品牌风格相一致的试衣间，看似提高成本，但实际利润并没有因此而下降。一个来源于品牌的小饰品、一张品牌宣传画、一包纸巾也许就能让品牌在顾客心中根深蒂固。

主动进行顾客开发，不能坐等

王其经营着一家烟酒连锁店，但是因为店面地段有点偏，既不靠主路，离居民区又有点远，幸好有一些比较固定的老客户捧场，生意才一直不好不坏地维持。可是这样下去也不是办法，难道真的要撤店？

一天一个老顾客看到王其愁眉不展的样子，于是就半开玩笑地说："你发愁也没用，没有顾客就去拉顾客嘛！"

"怎么拉啊？我这开的要是个烟厂酒厂，我早就跑出去开发客户了？可是一个烟店怎么拉顾客啊？"王其唉声叹气。

案例中王店主的想法是错误的，开发顾客不是大品牌大商家的专利，对于某些小店铺来说主动地开发顾客甚至更重要，因为本身没有品牌吸引力，坐等也不会有顾客上门。必须出动出击，一方面开发新客户，一方面扩大促销活动推广，这样店铺的局面才能打开。

开发市场走出去请进来通过产品体验开发顾客，会员升级系统留住顾客。因为大大小小的美容院都拥有自己的顾客群体，商场超市小店铺都在生存也说明有客源。开发从未消费过的顾客，开发从未来过店铺的顾客，把其它店铺的顾客转变为自己的顾客。只有这样店铺的顾客才可以做到源源不断。

开发顾客的第一步是寻找潜在顾客，它决定着整个销售活动的效率。一般来说，潜在顾客应该具有以下三个基本特点：

1.是否有一定的购买能力：在推销前，一定要先了解对方的经济实力，有的放矢地决定向对方介绍何种档次和价格的商品；

2.是否有购买决策权：购买“决定权”包括决定、建议或反对购买行为的权利；

3.是否有对产品的需要：现代推销理论的核心概念就是需求的满足。成功的推销员明白，他是向顾客提供帮助的，帮助顾客发现其忽略的需求。

寻找潜在顾客是一项具有挑战性的工作，因此，店主需要学会通过各种渠道获得尽可能多的潜在顾客信息，在这里我们提供以下几条建议：

1.从你的亲友中发掘：向朋友或亲戚销售，多半不会遭遇失败。如果你确信你所销售的产品质量优越，并且他们需要，为什么不去和他们联系呢？他们会给你积极的回应，并成为你最好的客户。

2.请客户提供新的销售对象：满意的顾客是最好的广告。因为任何一个顾客在购买某种产品之后，都会把自己的体会告诉别人。如果你能够掌握这种规律，那么就能找到新的潜在客户。

3.重新开发老顾客：任何产品都有一定的使用周期，记住在你预计顾客购买的产品快要更换时，或者在你获得新的产品信息、促销信息、宣传方案时，及时与他们联系。维持一个老顾客的成本是开发一个新顾客的成本的1/4。

此外，还有其他的一些方法可以增加店内的顾客数量：

1.改善自身服务水平。督促店员提供更热情优质的服务，高水平的服务，可以吸引更多的新顾客。因此对店员的服务技能的培训，是吸引更多新顾客，增加顾客信任度的基本方法。

2.扩大广告宣传。在店铺附近的街区发放店铺宣传单，是一种成本较低，吸引新顾客最直接有效的办法。

3.丰富店内商品。当顾客进店后，有充足完美的商品可以满足他的需求，而且价格合理，质量又好，那么下次一定还会再来。

4.良好的售后服务。顾客的购买行为，通常不仅仅是购买产品的特征，他们购买的是可满足需求或可解决问题的商品或是服务。对于很多产品，特别是家用电器，售后服务的好坏，直接影响着顾客的购买欲望，良好的售后服务会得到更多顾客的认可，会增加店铺的市场竞争能力，从而使更多的客户光顾。

5.请老顾客介绍新顾客。如果店铺对于一个顾客有足够的吸引力，那么这个顾客会给店铺带来很多新顾客。由老顾客带来的新顾客，成本低收益高，因为吸引一个新顾客的成本是维持老顾客成本的5倍，而老顾客的赢利能力却是新顾客的15倍。据统计一个忠诚的老顾客可以影响25个消费者，诱发8个潜在顾客产生购买动机，其中至少一个人产生购买行为。与此同时，老客户还能带动相关产品和新产品的销售。维持老客户的关键在于树立真正以顾客为中心的理念，尽可能为顾客提供零缺陷的产品与服务。

永远也不要忽略了老顾客，如果一个门店在发展新顾客的同时又不断的失去老顾客，那么这个门店的业绩也不会得到提高。作为店主，要反复提醒员工对顾客服务的关注。要征求顾客的反馈意见，并将顾客满意度作为员工业绩评估的一部分。明确相应的期望值和最低顾客服务标准，并具体到位。开发新顾客也好，维护老顾客也罢，服务将是门店的一个新的销售增长点。

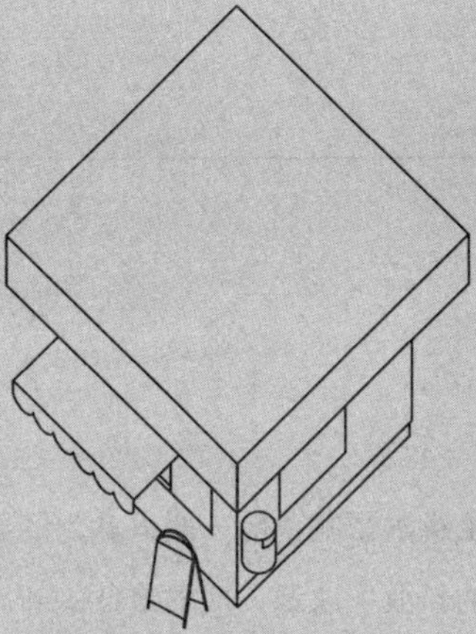

第五章

口碑营销必杀技：

话题、传播、服务

口碑对小店生意的影响，比一般人认为的要大得多。口碑营销一直都是最重要的新业务来源，成本最低的新顾客来源。那些营销预算并不多的小店，我们应该把口碑营销放在首位，因为它最便宜、最有效，与顾客的关系最为友好。

制造一些供大家谈论的话题

一切口碑都始于一个将会传播开来的信息，大家谈论你的小店，是因为你做的事或出售的东西是他们愿意谈论的。小店有让他们感兴趣的地方。

这就是说，要给大家一个谈论你的话头。这个信息并非一定要非常奇特。特价销售、优质服务、很棒的新特点、独特的味道、风趣的名称，或者漂亮的包装，应该足以担此重任。越是妙趣横生，谈论者就更愿意谈论你。顾客喜欢你或者恨你（或对你漠不关心），都不是无缘无故的。

产品的谈论价值越高，就越能获得更多的口碑。产品得到的议论越多，就更容易成为交谈的话题。人们从某种优质产品或服务中得到特别的满足，这推动他从一个被动的推荐者转变为主动的推荐者：

“过来看看。我的新滑板车，还带这个那个的呢，你也应该买个试试！”

一个产品的谈论价值高不高，与它是否复杂和昂贵关系不大。即使是2块钱一个的馅饼，只要足够好吃，也会有人为你免费宣传，日日在店前排长队。

给予人们一些可供谈论的东西，意味着要创造性地展示你的产品、服务和小店。日常状态的业务，不能成为被人谈论的话头，必须不断地提出新的话题。即使是你的骨灰级粉丝，也需要有新的东西，他们的兴趣才能持续保持和发展。没有新的魅惑物品，就不会有交谈。

如果你的业务上没有什么新鲜事，那就找出一些新鲜事情来。比如做促销推广，降价廉售，推出新的系列产品。什么都行。好的话题简洁，思路清晰，可以轻松复述。

捷蓝航空公司是美国的一家低票价航空公司，成立于1999年2月。同年7月，他们首次将平板电视显示屏安装在座椅靠背上，这在业内还是第一次！他们成功地用机上电视放映创造了一个了不起的话题。现在，在飞机上看电视已经司空见惯。不过，这个点子很容易被别人学去，被人复制。它提醒了航空业界人士，促使他们思考如何提高品牌质量。不会有人跟朋友谈论什么“低票价，高度个性化服务模式，高组织效率，全心全意提供高服务质量”的那套营销官话。但是他们会说，“嗨，捷蓝有电视！”

人们喜欢传播简单而且傻乎乎的东西，事实就是这样。

越有趣，越赚钱

对平庸的小店，平庸的产品，平庸的广告，无人谈论它们。所以，希望别人谈论自己，就必须出奇制胜。什么都行。乏味无趣的东西，根本不会出现于人们的交谈中。口碑将变得灰头土脸——实际上，口碑必然逐渐消逝殆尽，小店变得默默无闻。

在做广告之前，在推出新产品之前，在往菜单上添加新菜式之前，应该提出并回答这个神奇的问题：有人会将此事转告朋友吗?

请看芝加哥餐厅百吉饼餐厅的56种名称稀奇古怪的三明治，如胡希尔老爹三明治、门斯特碎干酪三明治。还有纽约著名的卡内基熟食店高达七英寸的咸牛肉三明治。如果改为正常尺寸的话，当然它依旧是世界上最好吃的咸牛肉三明治。但是，它的超大体积，每天吸引数以百计的旅游者前来品尝，然后就传出口碑，说这是纽约市最伟大的风景点。

在纽约市街头，擦鞋的地方数以百计，但是大家都要去中央车站的艾迪擦鞋店。而且还要建议朋友专门去那儿看看（一路上是要经过许多擦鞋店的）。为什么？因为在艾迪那儿，有一把硕大、舒适的老式红色皮制安乐椅。下班之后，坐在那上面，靠着椅背，享受片刻安宁，感觉像国王似的。

一定要给人们谈论你的话头。在花钱投放广告之前，请停下来等一小会儿。想一想，这要花多少钱。想一想，自己一眼扫过成百个广告，全不在意，而且这个世界上的其他人全都这样。别再做广告了，除非它确实能够引发谈论。

使信息传播得更快、更广

话题再好，其传播也需要一些推动。

口碑营销的最大作用，是它们为信息的旅行提供了交通基础设施。口碑营销，作为一种营销技艺，其最近以来的成长，主要应归功于更多地使用了推进工具，支持已经发生的口碑谈论。

要采用使信息传播得更远更快的推动工具。在网站的产品页面上设置“转发邮件”链接和“告诉朋友”链接，这两项互联网的功能作用非常强大（但是又很简单）。

假如你经营一家商店或餐馆，那么一定要让顾客出门时手上有可以转给朋友的东西，比如菜单或优惠券。

美国有一家名叫科颜氏的化妆品品牌专卖店，以其免费试用品而闻名于世。顾客离开商店，手中无不拿着满满一小袋零嘴甜食。而且还不止一个，使得顾客有东西转送朋友。

假如有人愿意谈论你了，要尽力帮助他们这样做。

各家杂志社很早就意识到了这一点。为什么每家杂志都将订阅明信片撒进你家，如同风暴来袭（这样说确实有点夸大），那不是没有原因的。人们分享杂志。这些明信片就是推动工具，助推杂志的订阅单传播开来。

特价销售或独特产品（即话题），或许可以引发谈论，然而，一旦将其写入一封可转发电子邮件中（即推动工具），它的营销能量就几何级数地放大了。微博、微信都是推动工具，它们帮助小店直接与粉丝交流，讲自己的故事给他们听。这些正式的宣传活动会支持和鼓励粉丝持续谈论下去。

如果自己有网站，那么一个简单的做法是：在每个网页上都加上“转发给朋友”的链接。这样一来，只要有人心念一动，想把网页上的内容传播出去，就极为方便了。可以通过这一链接发送一封漂亮的电子邮件，令接收者也愿意再转发出去。

经营零售商店，一个简单的做法是：制作顾客愿意保存并反复使用的漂亮购物袋。上面印有你的LOGO以及精彩设计的图案。这样一来，你的购物袋就能跟随着满意而去的顾客到处游逛，四处展示。别人看见了购物袋，谈论就开始了。美国著名的布鲁明戴尔百货商店发明了这一招数，它的“大灰袋”令消费者爱不释手，甚至愿意花钱购买。谈起手上拎着的东西，每位购物者都是潜在的口碑谈论者。

餐馆也可以采取向等位子的顾客提供免费小食品的招数。每个城市都有餐馆这样做。芝加哥著名的卢米切尔斯餐馆拿出来的是新出炉的甜甜圈和Milk Duds牌牛奶糖果。这家餐馆因此而脍炙人口，遐迩闻名。没人会说，“嗨，你应该去卢米切尔斯，他们家的火鸡三明治很不错。”但是，在附近街区打听这家餐馆，大家首先提到的必是甜甜

圈和Milk Duds牌牛奶糖。

不管做的是哪行哪业，面对顾客，都要问问自己以下问题：

- 顾客出门离去，我给了他什么话题了吗？
- 他会记得告诉朋友吗？
- 我做些什么，便于他告诉更多的人？
- 他的此番购物经历有何值得称道之处吗？

要使别人谈论自己，办法还有千条百条，但是你只要有一个好办法，就能永久性地改善业务水平。逗个乐子，特殊的纪念时刻，微笑服务，等等。任何事情，只要能引发谈论就行。

再没有比这更容易的营销了。

重视评论，客户的评论传天下

多年前，有一条经典的商业广告，广告词是："她告诉两个朋友，两个朋友又告诉两个朋友……"当然，实际情况不会如此发生。她告诉两个朋友，其中之一告诉妹妹，到此为止了。

但是，现在我们上了网，大众化的传播必然发生，情况也就大为不同。一封简单的电子邮件可能引起一位朋友的关注，被转发给他的朋友圈里的500人（这些人又会转发给所有认识的人），话语迅即传播，速度之快，甚至可能超出我们希望能控制住的范围。

过去，广告商只能够通过报纸、广播、电视，使50%的购买者能够接收到广告。但是现在，不管是谁家店的东西，都有可能进入大多数未来用户的眼球，只要有几条精彩的网上评论即可。营销人员的梦想之一是：能不能派出销售人员站在全球每一家沃尔玛超市的购物通道上，傍着你的诸多产品，大颂赞词呢？当然不能。但是普通消费者却可以在沃尔玛网站上说这些话，旁边就是"加入购物车"链接键。

微信和微博使口碑传播得更为快捷。任何人都能把对你的生意的意见输成文字，放到网上，令人们都能看到。当然，这也并不是说，发到了博客上的东西大家都会读到。但是，如果有一位博主链接了这条信息，她告诉另外两位博主，他们又转告其他两位博主……如此这般，你懂的。再加上，每当有意购买的潜在顾客在网上做了搜索，此时这条被疯传的帖子就会现身。可能读它的人并不多，但却是在最关键的时候被人看到——正准备出手购买之时。

关注且感谢那些谈论你的人

最常见的口碑谈论者，是感到满意的老顾客。

你知道这些人是谁：他们对你的工作大为欣赏，希望大家都成为你的客户。他们热心地向朋友谈论起你，每当有人打听关于你所在行业的情况时，首先提到的是你的小店。这里的关键在于，要从只是觉得满意的顾客中发现急于谈论的顾客。

要发现后者：学会如何察觉顾客深切关注你的迹象。要寻找那些反复眷顾的回头客，那些记得服务人员的姓名、热情洋溢、喋喋不休的顾客。

销售人员一定都要认识到这些人物的重要性。过分热情的顾客容易惹人厌烦；但是你不能那样，因为他们的热情应该被看作极其重要的口碑资产。

要高度关注这样的人，他们认真填写你的意见卡，订阅你的微信公众号，在你的留言板上发表评论，发来电子邮件。所有这些都表明，这些人与你的沟通和交流，比普通顾客更为密切。要关注顾客调查和推荐活动的结果。许多企业都在调查中问人家，“你是怎么知道敝公司的？”但是对于得到的反馈信息却不作任何回复。殊不知，回答这个问题的人，很可能就是新的口碑谈论者。

另外，不管是谁，只要他的衣着和随身物品上印有你的LOGO，他同时也就是一位口碑谈论者了。帽子上，T恤上，手提袋上，任何地方都行。他们出于对你的喜爱，免费为你的品牌做起了广告。你应该尽最大努力，发现他们，鼓励他们。

身上带有你的LOGO，原因很简单：这是在显示自己是你的粉丝群体的一分子。人的认同感和从属感，力量极为强大。

发现他们：有人想得到带有公司LOGO的产品，这个要求应该极为方便地得到满足，而且附带还要了解这位顾客姓甚名谁。他们都是热情如火的口碑谈论者。

LOGO迷们如果没有机会拥有你的LOGO，那就不能表现出他们对你的支持了。送出带有LOGO的小商品。创建网上商店，出售全套带LOGO的商品。在许多网站上都能建立此种网店，举手之劳，一个小时之内就能搞定。

口碑谈论者是在为你做免费广告。他们支持你的小店，为你带来顾客，增加你的利润。这些人为你大唱赞歌，呐喊助威。他们理应得到一个“谢谢”——而且，说起来，“谢谢”也就是他们在辛劳贡献之余，唯一期望得到的报答。所以，表达谢意，绝不能小气吝啬。

要善于使你的口碑谈论者感觉自己受到重视和认可。口碑谈论者的谈论由此而倍增。道谢，永不嫌多，每一声“谢谢”，都是他们加码谈论的动因。

说声“谢谢你”，应该成为习惯。与口碑谈论者见了面，要当面说出来。还有发送感谢信。同时向这群人表示感谢的绝妙办法，是给予他们特别的、专有的福利。例如永久性的折扣，购买清仓产品，试用新产品样品。还有邀请他们参观小店。要用富于创意的方法向口碑谈论者表示诚挚的感谢之意。如果口碑谈论者觉得这种做法别具一格的话，他还会告诉大家。

在你的网站上，应该出现最佳口碑谈论者的名字。可以建立专门的网页，对施惠者表示感谢。将最佳口碑谈论者的照片挂到墙上，贴出名单。收到的所有感谢信都要装订起来。还可以在新闻报告中表达谢意。

在博客上，为评论和关注你的人建立永久性链接。博客文化的精髓在于互相捧场，所以你的谢忱定会得到回报。在留言板上显示口碑谈论者的闪窗。对其中能力超强的写手，给予特殊待遇，令他们觉得自己受到重视。

为什么许多公司将最好的停车位留给本月最佳销售人员，原因之一是，那是大庭广众的场合，人人看得见。

请求大家传播口碑

有时，需要做的就是开口请求。

首选的也是最重要的创造口碑的工具，既简单又明显，那就是诚恳地请求。大多数人只是在你请求他们时，才会谈论。所以，要经常请求，到处请求。

促使口碑流传的挑战，并不完全在于找到谈论者；而更要看能否引发谈论的行动。实际情况通常都是，你暗含恭维地请求顾客帮帮忙，他们也就顺理成章地成为口碑谈论者了。请记住，请求口碑谈论者将你的话语传播开去，这相当于授予他们一种身份，令他们成为内部人士。

这一做法被人称作“呼吁行动”。就是用视觉的或声音的表示，请求人们做某件事情。这类请求应该融入你的全部所作所为之中。要充分利用提出建议的影响力。会见效的。以下是几种做法：

- 在你的网站上到处都放上链接键“转告朋友”“转告他人”，或其他类似说法（来访者是不是点击并非关键。关键在于这是一种视觉的提醒，能够将有关想法暗暗植入脑中）。

● 将此类请求话语放到每一封电子邮件、微信、微博上。

● 训练销售人员，在每一笔交易完成时除了说一声“谢谢你”，还要态度友善地加一句“请转告你的朋友”。

● 在收据上写一个请求。

● 在门上贴一个提示。

● 收到网上订单后，回复电子邮件以做提醒。

提出请求并不困难，但是大多数公司却忘了这么做。

此外，注意，一定要让口碑谈论者更便于将信息同时传播给更多的人，以增强其影响力。在“转告朋友”表格中增加转发人数。确保满足口碑谈论者对传单和赠品的需求。一定要请求他们做两个推荐而不是一个推荐。别只送出一本书或一件产品供人评论——要提供足够送给全办公室人的。这样，大家都可以试试，都加入谈论。

“大肚”三明治连锁餐厅在德克萨斯州奥斯汀市开办第一家餐馆时，从邮局租用从芝加哥搬家到奥斯汀来的收信人名单。“大肚”餐厅通过邮局，向名单上的每个人发出一页纸的手写签名、地址的信件，信中说：

恭贺乔迁大吉！祝您在奥斯汀幸福安居。请允许我冒昧问一句，您是否动了一点思乡之情……我们特为您奉上家乡风味，在奥斯汀开了一家“大肚”三明治餐厅。请您介绍朋友和同事前来品尝您念念不忘的美味夹肉三明治。随信附上十张免费三明治票，一份薄礼，尚请笑纳，以供您和朋友们共享对“大肚”的喜爱。

最精彩的地方在于：送出的是十份免费三明治。如果只是一份，那每个收到的人都会自己吃掉。而十份，他们就可以在办公室或住处走来走去，请人与自己共进午餐，告诉大家“大肚”三明治是多么美味可口。这样一来，在你的帮助下，顾客成为口碑谈论者，他为全体同事买午餐，显得既体面又大方。

这十张餐券就是口碑的扩音器，将一个口碑推荐扩增为多个口碑推荐（收到这封信的人也会注册到VIP电子邮件收件人名单上，同时得到出席开店仪式的邀请。请记住，你的工作不能仅限于发现口碑谈论者——要有与他们沟通的渠道）。

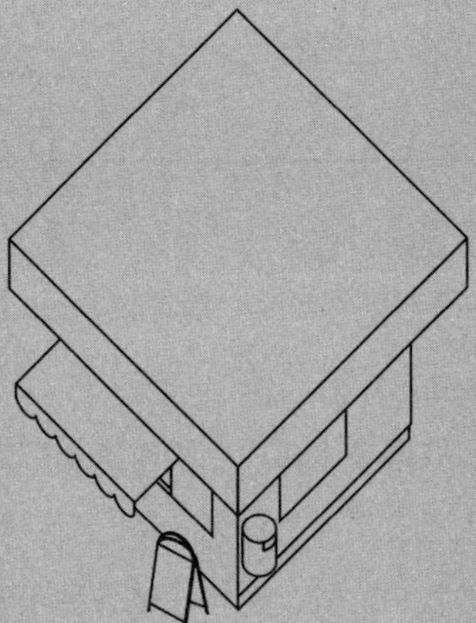

第六章

小店零成本宣传绝招：

微信、微博、APP

当今社会，互联网技术正以一种改变一切的力量，在全球范围掀起一场影响人类所有层面的深刻变革。而互联网营销作为一种借助互联网而兴起的营销方式，也将打破各种限制，让全球营销互通成为一种可能。现在商务蓬勃发展，实体店铺和网络店铺越来越多，竞争也越来越激烈，要想在众多的店铺中脱颖而出，给买家留下过目难忘的印象，店铺宣传推广就显得极其重要了。

给小店做个网站，全方位展示自己

作为全天24小时不间断的媒体平台，互联网的作用是传统媒体遥不可及的。我们可以通过在互联网上建立自己的小店网站，向世界展示自己的产品和企业形象，让更多人了解自己的小店。

所谓网站，最初就是指在互联网上根据一定的规则，展示特定内容的网页的集合。最初这种网页只能是文本格式，现在则可以集合图像、声音、动画、视频，甚至3D技术等方式来展示特定的内容。

对于小店而言，网站就是小店的网上门店，小店可以在自己的网站上通过文本、图片、视频等方式展示产品或是小店信息，此外还可以通过网站与浏览者进行即时交流、沟通。总的来说网站对小店的好处可以总结为以下几点：

首先，网站内容可以随时更新，小店可以随时更新在网上的产品展示，然而这在现实中是很难实现的。之前，小店展示产品的传统方式就是做画册、产品手册等，一旦产品有变动，就需要重新印画册，这样不仅需要很长时间，而且花费较大。而在网站上，这些都可以得到很好地避免。

第二，网站信息量可以做到极大，小店可以尽可能多地丰富自己的网站，展示小店信息和产品信息。但是离开网络，传统的小店推广的方式很难如此全面地展现信息。比如小店做产品手册或宣传画册，一本画册充其量做到十几页，容量有限，不能全面展示小店产品信息。

第三，网站也是小店的网上的一个门户，是小店形象的代言。如果一个大企业连网站都没有或者做得很差，给客户的想象是这不是一个现代企业，不是一个能跟得上形势的企业。如果网站做得好，给客户一种高端的感觉，同时增强客户对小店的信任度。

第四，网站可以帮助小店提高效率、规范管理、降低管理成本的作用。通过上述分析，我们可以很清楚地看到，网站对于小店而言不是加重了负担，而是可以大大削减小店成本，提供小店运作效率。

第五，网站可以帮助小店与潜在客户的相互搜索。人们使用互联网的一大功能就是搜索引擎。小店如果有自己的网站，客户在不知道该小店的情况下可以通过搜索引擎找到该小店的网站，从而获得小店信息，与小店获得联系。小店也可以通过网络推广，或是网站链接等手段，可以把小店的信息传到世界各地，让客户更好地找到自己的信息。

综上所述，一个好的网站对小店的宣传作用是不可低估的，但随着现在网站的极度丰富，一个企业只有一个好的网站，如果缺乏后期的网络推广，不能让客户看到自己的网站也是不行的，这就牵涉到后面我们会讲到的网络推广。一个企业有一个好的网站是企业进行网络推广的基础。

扩大交际面，多派发名片

很多店主可能认为，在网上做生意，大家都没机会见到对方，怎么发放名片？再者，就算发放成功，作用也不大，简直就是浪费。

可是店主们有没有想过，店虽然是开在网上，但是大家还是可以通过邮递方式进行联系。因此，在邮寄商品的时候，把自己设计精美、个性十足的名片夹在商品中，说不定能起到很大的宣传作用。

如果你的名片在设计上有什么独特之处，买家可能不但会舍不得扔掉，还会拿给别人看，这样不就等于替你做了店铺推广吗？如果看到名片的人恰好看中你的产品，那你不就赚到了吗？“细节决定成败”，这话还是很有道理的。

印刷了名片之后，店主们还可以在日常生活中，在与人交往时递送出去，以此来宣传自己的店铺。甚至在同学录里面发出宣传和邀请，在同学聚会时发出自己的宣传名片。这样既可以让同学朋友分享自己的开店乐趣，又可以为小店增添人气，说不定还可以做成几单生意，何乐而不为呢？

如果店主同时还有实体店，也可以将名片放在实体店里，供买家

随便拿取，这些买家就可以在离开实体店之后，在网上继续浏览你的商店，使买家的消费得到最大延伸。

名片的形式可以是多种多样的，不一定非要印在卡片上。店主可以灵活设计自己的名片，可以印在纸杯上、手绢上、毛巾上、圆珠笔上、钥匙链上、包包上、雨伞上、记事本上甚至T恤衫上等。具体可以根据你所经营的商品价格来定，如果商品利润很低，可以选择一些价廉的名片载体；如果商品利润很高，就可以选择一些精美的名片载体。但是不论价格高与低，千万不要选择做工粗糙的东西。因为那样不但起不到好的作用，还会影响店铺形象。不客气地说，如果赠送粗制滥造的东西，还不如不送。

在给买家寄送商品的时候，添加上这些有使用价值的“名片”，一定会给买家带来不小的惊喜，买家可能就会因此而记住你。这些赠品其实不会花掉店主很多钱，可是带来的正面效果却无法估计。

如果店主是个颇有文采的人，还可以将自己从萌生开店到建店，再到采购、销售的酸甜苦辣都写在小小的名片上，分发出去。有内容和真情的文字，一般会很有煽动性，能够引起买家的共鸣。

说不定，店主还能因此交上很多志同道合的朋友。朋友多了，店铺就有了人气，店主们就不用再为拉订单而发愁了。

微博是推广的好工具

随着微经济的到来，微博开始火起来了。微博营销如今已经渐渐发挥出其所向披靡的功力。一个拥有几万固定粉丝的微博，其力量往往超过淘宝网店全部的网店推广工作。因此，网店卖家需要重视并利用微博这一工具来推广网店。

微博本身具有天然的社交性，这是网店利用微博进行宣传营销的基础。微博能够在即时沟通的基础上，告诉消费者自己的产品好在哪里、怎么获得折扣。通过微博即时宣传推广网店信息，信息不仅仅出现在用户的微博空间，同时也可通过短信的方式发送到用户的手机上，用户收到短信后回复反馈完成一次完整的对话。这对网店知名度的提高是有很大的推动作用的。

微博宣传营销最主要的还在于活动。下面介绍几种常见的微博活动的方法，我们可以参考一下。

方法一：有奖竞猜。有奖竞猜是揭晓谜底或答案，最后抽奖。这个一定要前期策划好。

方法二：有奖转发。有奖转发也是目前采用的最多的活动形式，只要粉丝们转发+评论或+@好友就有机会中奖，这也是最简单的，粉丝们几乎不用动什么脑筋，互动性比较强。

方法三：有奖调查。有奖调查目前应用得也不多，主要用于收集用户的反馈意见。

方法四：有奖征集。有奖征集就是通过征集某一问题的解决方法吸引消费者参与，常见的有奖征集主题有广告语、段子、祝福语、创意点子等，并通过获得奖品可能性的系列性“诱导”，调动用户兴趣来参与。

需要注意的是，活动一定要能激起参与者的欲望，这就要满足他们的需求。活动奖品的设置上要有讲究，一要有新意，二要有吸引力，三成本不能太高。

微信宣传效果显著

利用微信进行营销，能够获得数量巨大的粉丝数。截至2014年，国内及海外的微信用户数量已经突破6亿，而且依然处于源源不断地增长过程中。据腾讯统计，这6亿微信用户中，活跃用户已超过50%，60%以上是20～30岁的年轻用户，而且在年轻人群中又有80%是白领人士。这就说明，微信是一个潜力巨大的营销市场。网店也可以利用微信进行营销宣传，以此来轻松撬动店铺财源。

利用微信进行营销推广的方式有很多，具体可以根据微信的不同功能来进行，以此来达到扩大店铺的人气和客户群、销售更多商品的目的。利用微信进行店铺推广包括以下几种方式。

1.漂流瓶

微信漂流瓶主要包括两方面：第一个是“扔一个”，在这个方面用户可以选择发布语音或者文字，然后投入大海中，如果有其他用户“捞”到则可以展开对话；第二个是“捡一个”，用户通过“捡一个”可以“捞”瓶子，“捞”到瓶子后就可以和对方展开对话。利用微信漂流瓶进行宣传营销是有很大好处的，内容可以随意组织，而且由于微信是中国使用人数最多的聊天软件之一，并且各行各业的人都在使用，这无疑能够对网店的营销推广起到很大的推动作用。

2.摇一摇

微信摇一摇是微信推出的一个随机交友应用，通过摇手机或点击按钮模拟摇一摇，可以匹配到同一时段触发该功能的微信用户，从而增加用户间的互动和微信黏度。对于网店来说，通过摇一摇功能可以摇出新客户，同时通过微信摇一摇功能还可以增加店铺的曝光率。

3.扫一扫

微信中有一项特殊的功能——扫一扫，可以扫二维码、条码、封面、街景及翻译。对于网店来说，买家通过扫一扫功能就能发现店铺，并且成为网店的潜在客户。对于店主来说，扫一扫可以扫出新商机。所以，网店经营者要充分利用好这一功能来做好网店推广营销。

4.朋友圈

微信朋友圈是一个由熟人、半熟人组成的关系圈，是现实社交在网络世界的延伸，也是个人获取信息的重要渠道。在朋友圈中，有同学、家人、亲戚、同事，大家共同组成一个规模不等的圈子。微信朋友圈在当下已经成为网店营销的利器，因为朋友圈的信息曝光率是非常高的，在朋友圈发一条消息，基本上会被80%以上的人看到。

5.微信好友添加

你可以通过微博、博客、论坛、手机短信等任何形式告知别人你的微信号，别人可以加你，你也可以加别人的微信。不要因为是陌生人你就拒绝加他们。因为他们很可能就会在不经意间成为你的客户。

6.查找附近的人

“查找附近的人”是微信推出的LBS社交功能，通过这个功能，用户可以查找附近使用微信的用户。通过“查找附近的人”这项功能，可以得知查找到的消费者的姓名等基本信息，以及消费者签名档的内容。而此项功能中的签名档则能成为网店免费投放广告的地方，在这个地方投放广告，不但可以增加店铺的曝光率和知名度，还可以挖掘众多的潜在客户。

7.消息推送

微信宣传营销的一大利器就是消息推送，消息推送是建立在公众账号的基础上的，公众账号可以经过后台的用户分组和地域操控完成精准的消息推送。一般的公众账号可以群发文字、图片、语音。如果是认证的账号，能够推送的内容会更多，不仅能推送单条图文信息，还能推送专题信息。正是因为有如此强大的信息推送能力，所以网店要充分利用这一功能来进行店铺推广。

8.微信头像的设置

头像设置分为微信头像设置和漂流瓶头像设置。可以用真实头像、也可以不用。唯一的要求是要美观。当然也可以选择你的主打产品做头像，增强记忆力。

9.自定义菜单

在微信底部的对话栏中提供菜单选项，用户通过单击菜单中的选项，可以看到相应的回复信息或者是网页链接。自定义菜单这种功能的升级为网店营销提供了更多可能性。

借助电子邮件广告

用电子邮件做店铺推广是一种非常有效的广告方式，因为电子邮件是现代“网虫”常用的互联网运用工具。据统计，每天有超过70%的网民使用电子邮件，而浏览网页的网民却只占30%，这个数据也许并不是很准确，但是却清楚地表明使用电子邮件的网民比浏览网页的网民要多得多。

但是这里所指的电子邮件广告推广，是指基于用户许可的E-mail营销，与滥发邮件（Spam）是完全不同的。

被许可的电子邮件营销不但比未被许可的电子邮件推广方式有很多优势，就是与传统的推广方式相比也有很多优势。

这种推广方式可以增加广告发送的准确度，从而有效避免因为盲目散发广告而对买家造成骚扰；并且能够及时为真正需要这种信息的买家提供帮助，增进与买家的关系；还能提高买家信任度等。

用电子邮件做广告推广，不但具有针对性强的优势，还颇具价格优势。如果使用专业软件进行邮件群发，则可以大大提高发送速度。而且使用这种方法，还可以根据每个买家的不同情况，发送特制模式的广告邮件。

做电子邮件宣传，最重要的就是你手中要有大量朋友或者准买家的邮件地址，你收集到的准买家的邮件地址越多，网店宣传范围就越广。也就是说店主可以用电子邮件来通知这些人访问自己的网店。所以，发送的推广邮件越多，蕴藏着的主页访问量就会越大。

但这并不是说，只要发了电子邮件广告，就一定会获得好的效果。其实，效果再好的广告方式也不能乱用，否则，不但起不了好的作用，还会起到反面作用。因为广告本身很容易让接收者感到反感，所以在使用这个方法进行广告推广的时候，千万不要夸大其词，也不要用欺诈性的言语进行宣传。店主们一定要把广告的内容和语言都做得很吸引人，而且一定要简明扼要，最重要的是一定要真实。

例如，有的人在做广告邮件推广的时候，为了吸引更多的买家，常常使用大量虚假托词。有的店主在广告中说，某某东西免费赠送，可是当买家去查看这件商品的时候，才发现原来免费商品的邮资竟然要100元，这样就给人一种上当的感觉。相信遭遇到这种骗局的买家都会对你的店铺非常反感，他们肯定不会购买店里的任何商品。

有的时候，如果你不想将这种广告邮件发给自己的朋友，还可以采取为邮件加上签名的方式，当然，你的签名中一定要有自己的店铺地址和联系方式。为了避免时间久了朋友们对这种签名感到厌倦，掌柜们要经常更新签名。用新颖的设计来吸引买家，比狂轰滥炸的方法要好得多。

除此之外，还可以使用博客进行推广宣传，现在有很多店主使用博客进行宣传都很成功。总之，只要肯动脑，就会有收获，成功的店主一定都是肯用心的店主。

借助 QQ、淘宝旺旺

现在网络上有很多非常好用的通信工具，如QQ、淘宝旺旺等。很多店主的生意之所以做得非常成功，除了商品好以外，还与QQ、淘宝旺旺等即时通信工具的使用有很大关系。

如果你登录的是QQ，你可以把个人资料设置为自己的店铺介绍，因为所有想跟你聊天的朋友，都会通过查看你的个人资料来了解你，无意之中就为自己做宣传了。如果你使用的是淘宝旺旺，那就大有讲究了。很多店主总是习惯将自己的淘宝旺旺状态设置为“我很忙”或是“我有空”，其实这里面是大有学问的。例如，卖家可以将自己的状态设置为网店宣传信息，说不定就可以起到很好的广告作用。

不过令人遗憾的是，很多店主都没有这样设置。当然，有些人可能是没有想到可以这样做，也有些人可能是不屑于这样做。不过，在一个广告无处不在的年代，忽视任何一个细节都可能让你与好运擦肩而过。

事实上，这种方法使用起来非常简单，店主只需先在菜单中单击

“登录”，然后单击“更改我的状况”，最后在“设置状态信息”中添加需要的推广信息就可以了，如“好消息，本店五一促销，全部商品五折优惠”，或者“新品上架，来看看吧”等。设置好之后，以后不论卖家是忙还是闲，都可以给买家一个效果不错的信息传递。

店主如果很忙不在线，还可以把状态设置为自动回复，这样不但可以避免买家受到冷遇，还可以暂时安抚并且留住买家的脚步，甚至有可能会引起买家的兴致，让买家在你的小店里流连忘返。

但是，店主不管在哪里添加店铺信息或广告信息，都一定要记住使用简明扼要、设计优美、一目了然的广告语言，千万不要使用冗长拖沓、表达不清甚至低俗不堪的话语，因为那样会让买家非常反感。广告如果做得不好，还不如不做。不成功的广告非但不能起到好的宣传作用，甚至会适得其反，给人留下很糟糕的印象。

当然，卖家还可以采取主动出击的营销方式，也就是主动使用QQ或淘宝旺旺等，向买家发送广告。不过，使用这一招，店主一定要把握好分寸，因为这样做是比较讨人嫌的。如果一不小心被人投诉，就不太好了。所以，使用这招一定要慎之又慎，不然就会“偷鸡不成反蚀一把米”。

如果你认为自己的众多好友或者买家们肯定都能很高兴地接受自己的广告信息，那就可以对他们采取信息群发功能，这样就可以在几分钟之内轻松发送大量的广告信息给你的准买家们。不过，用淘宝旺旺群发信息是有条件的，只有两颗心及两颗心以上的店主才可以使用。

店主们可以动动脑筋，除了上面这些通信工具以外，还有哪些可以用来宣传自己的店铺呢？还有电视和广播！你可不要认为在这里做广告很贵，其实你只花几角钱就可以在电视或广播中为自己的店铺进行一番宣传。

这不是什么胡乱吹嘘，其实方法很简单，掌柜们只要以自己店铺的名义在电视或是广播中为买家或朋友点播节目就可以了。打个电话，或者写封信都只要几角钱，却能为自己进行很好的宣传，实在是物超所值。而且用这种方法还可以将祝福、问候和友情一并带给大家，比单纯打广告的效果要好很多。

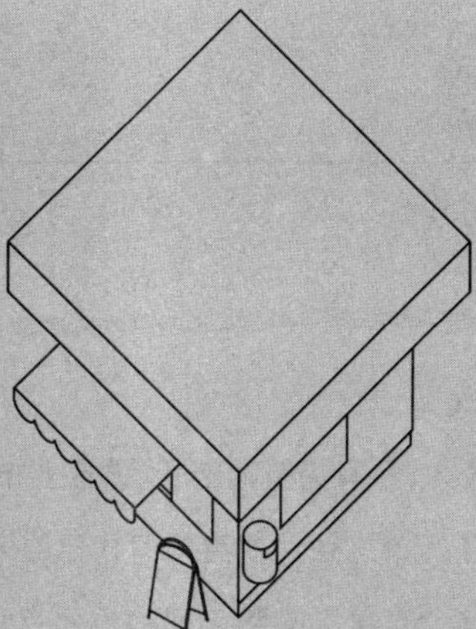

第七章

小店也要带团队：

选人、用人、管人

没有完美的个人，只有完美的团队。零售业市场竞争越来越激烈，竞争对手越来越多，单打独斗的英雄时代已经一去不复返，一个店铺的团队力量如何会直接影响到店铺的生死存亡。因此店主要让自己成为打造顽强团队的中流砥柱，依据自身的品格和智慧，不断激励店员共同快速发展，让整个团队步调一致、思想一致、目标一致，建立一个积极向上、和谐共进的店铺分为，修炼出一种执着的店铺团队精神，让团队迸发出如原子裂变般的能量。

店员招聘远离“关系户”

某品牌服装乐库卖场店由于近期人员变动较大要招几名导购，广告打出后很多人都跃跃欲试。该店地址优越，是总部业绩最好的店之一，导购收入也比一般店面高。店主对这次招聘寄予了厚望，一来可以选聘几名有能力的新人增加团队力量，二来可以借机整顿一下店内的不正之风，让门店良性发展。

可是招聘的结果还是让店主失望了。总部的两位领导推荐了三名导购，都是他们的亲属，店主总不能不接纳吧；接着副店主又把自己的妹妹拉了过来，两人以后还要合作，也不好拒绝。最终店主只通过正规程序招进来一名员工，其余都是“关系户”。招聘的目的不但没有达到，店主恐怕还得为以后的管理头疼。

很多门店在招聘时会遇到关系单位、上级部门、内部关系及熟人推荐来的亲朋好友，有时可能在招聘中100%的人（甚至更多）都是通过关系介绍来应聘的人，这确实是一件让人头疼的事情。

店员的能力如何直接关系门店的业绩，因此招聘对于门店发展也是一件至关重要的事情。在店铺的店员招聘管理中，店主起着至关重要的作用，店铺能否找到合适满意的员工，取决于店主的眼光与判断能力。在招聘时，店主应严守招聘程序，即使碍于情面不得不招收的员工也一定要确保其有一定的工作能力，绝不能让人情招聘影响到整个团队的工作。

那么店主在具体的招聘工作中应该怎样去做呢?

1.做好招聘宣传

◇ 媒体广告。以报纸、杂志、车箱媒体广告、有线电视媒体广告、企业统一发票广告或购物袋广告等为主，涵盖层面较广，适合各店联合招募，资源共享，但是费用支出较大，一般以报纸刊登效果最好。

◇ 店面POP。店面橱窗张贴招募广告，可以立竿见影，并适合单店招募且费用最节省，但招募层面较不广泛。

◇ DM传单。采用夹报或门店柜台置放招募传单方式，可针对特定区域或人员招募，适合单店或在共同区域内的连锁店使用。

2.灵活利用各种招聘方式

◇ 店内招募。透过店面POP、DM传单或直接游说店内适合的顾客成为招聘对象，此方式所招聘对象一般以店面兼职人员及店面的基层人员为主。

◇ 员工介绍。透过店铺同仁介绍并配合介绍奖金的提供。此方式所招聘对象一般稳定性较高。

◇ 校园招聘。每年学生毕业期间，选择就业率高及配合度高的学校进行校园招聘，活动方式可搭配店面参观、学校说明会、演讲等型式，此招募方式可解决店铺运作所需的大量人员。

◇ 求才说明会。说明会与校园招聘类似，但对象较广，通常运用于毕业期、特定对象的招聘活动。

◇ 离职员工复职。针对离职员工进行筛选，挑选工作表现良好员工，予以拜访游说复职，此方式所招聘的复职员工，因熟悉作业成熟度较佳可立即运作。

◇ 广告刊登。透过各种媒体刊登招聘广告，此方式运用最为普遍，但是要花费较多时间在筛选及人员面试上，且较为被动。

◇ 建教合作。与学校采取实习合作方式，可提供稳定的人力来源，并可于毕业后转换为正式人力，一般在工作期间可提供奖助学金或补助学杂费用，以增加吸引力。

◇ 其他方式。透过人才中介公司介绍，一般以主管或专业人才较适合，对于店面的基层人员，因流动率较高，这种方式较不符合成本控制原则。

3.严把面试关

招聘面试需要考虑的问题可分为三个阶段，即面试前、面试中和面试后。

1.面试前须考虑的问题

◇ 确定面试目的，了解情况、评估和选择。

◇ 制订供面试时使用的提纲。

◇ 确定双方都方便的面试时间。

◇ 通知被试人面试的目的与要求，包括所需证件和情况。

◇ 研究被试人的全部材料，做好笔记，以免遗漏。

◇ 为被面试人提供的准备时间要充足。

◇ 选择好面试地点，面试的场所必须宽畅、整齐、清洁和秩序井然，并且应当安静、不受干扰。如果面试场所混乱、嘈杂或拥挤不堪，那么，一方面面试效果必然会受影响，另一方面也会给申请者留下对企业的不佳印象。

2.面试中必须考虑的问题

◇ 认真负责。

◇ 创造一种轻松愉快的气氛，保持被面试人的平静心态。

◇ 如可能，提问题时要直截了当。

◇ 提问题要有启发性，不要满足于“是”或”“否”的简单答复，提出需解释或叙述的问题。

◇ 对所提的问题要获得中肯、正确的回答。

◇ 让被试人在回答问题时要有充分的思考时间。

◇ 不唱独角戏，要善于倾听。

◇ 不要随便打断被试者的陈述，尽可能让他说完。

◇ 多问“为什么”与“怎样”。

◇ 让被试者回答完一个问题，再开始第二个问题。

◇ 语言要简练。

◇ 不要暴露你的观点与情绪。是你了解对方，而不是让对方来了解你的倾向。

◇ 如被试者回答不够清楚，可总结你的理解，以求澄清，但不要说他没说过的话。

◇ 不要随声附和或喋喋不休。

◇ 有疑问应立即追问。

◇ 要明确自己的目的和任务，珍惜你自己和被试者的时间。

◇ 面试结束时，给被试者以提问的机会。

◇ 在正式面试前后均应保持警觉，所有同被试者的接触均带有“评估”性质。

3.面试中经常提到的问题

◇ 你为什么要找新工作，辞去原来工作的原因？

◇ 你的短期和长期目标是什么？今后5年内你的打算是什么？

◇ 你对原来的工作有什么满意和不满意？

◇ 你欣赏原领导的哪些方面，又觉得他哪些地方做得不够？

◇ 你的长处和短处是什么？能否至少在每个方面举三个例子？

◇ 谈谈你的工作和其他方面的成就？

◇ 你需要多长时间能为我店做出有意义的工作成绩？

◇ 假如你可能重新开始你的生涯，你有什么打算？

◇ 谈谈你的一些过错。

◇ 你认为好的管理者具备什么品格？

◇ 为什么你认为自己有管理才能？

◇ 你欣赏哪类书？过去一年里你认为哪本书最好？

◇ 你对你所领导的员工有何希望？为什么？

◇ 在大学里你最喜爱什么科目？不喜爱什么科目？

◇ 你为什么对本店这一职务感兴趣？

◇ 除了工作之外，你的兴趣和爱好是什么？

4.人员录用做好审核

（1）审核材料。经过初步面谈并认为基本合格后，则要进一步对应聘人员的有关材料进行审核和综合分析。如要求应聘人员交付履历表、学历证明文书及其副本等个人资料，并填写应聘申请表。

（2）正式面谈。正式面谈与测试是店铺员工招聘过程中很重要的步骤。正式面谈的意义在于通过面对面的全面接触，深刻了解应聘者及其所申请工作的情况，从而尽量达到工作与人的最佳组合。对于酒店来说，实际就是对于应聘者申请录用与否的决断准备。

（3）面谈结果的处理与体检。正式面谈结束后，应立即将各种记录汇集整理，结合背景资料，作出综合判断决定是否录用。

（4）对于初步确定的录用人员，还要进行身体检查。店铺是服务行业，直接面对客人服务，因此，健康的体魄是胜任工作的基本条件之一。而防止患有传染性疾病的人员直接从事服务性工作，则更是店铺义不容辞的责任。

（5）员工的录用。当审核确定无误和体检合格之后，基本确定了员工的录用。店铺要为新录用的员工发放录用通知。为示郑重，录用通知应以书面为宜。其设计和内容的繁简视店铺的具体情况而定，一般应独具匠心、不落俗套，从中反映出店铺的品位和诚意。有时候，一份设计精美、内容清晰的录用通知书，会给无论有无工作经验的员工都留下深刻的印象。

（6）为使新员工减轻在新的工作环境中产生的不安和压力，尽快进入状态，适应工作要求，店主应以各种方式让其熟悉大到店铺的基本情况，例如组织机构、部门设置、主要管理人员等；小到关于工作时间、就餐的方法、工资支付形式、工服的发放和仪表的要求等。同时，要向新员工介绍他的工作岗位和具体的工作内容，并将新员工介绍给一起工作的同事。这些介绍可以结合带领新员工在店铺各处参观，熟悉内部和周边环境等一并进行，也可结合观看有关方面的录相和集中提问答疑等进行。有条件的，应尽快将员工手册发至新员工手中。

如果被选之人是关系单位或公司领导推荐，并经过面试合格后，也要对其进行培训教育，并在试用期内严格监管，不能因是熟人介绍就高人一等。如果证明对方确实不能胜任，那么就要将其劝退，以免影响门店销售。

不能让新人轻易流失

老张开了一家保健药品专卖店，由于门店生意不错，再加上一名店员又因为怀孕经常请假，老张就又招来两名新店员。经过一段时间的培训后，两名店员上岗了。可没过多久，这两个人均以不能胜任工作为由提出了辞职。老张对此感到很奇怪，给这两个人打电话询问后才知道内情：原来，由于店员的奖金直接和销售额挂钩，另外两个老店员为提高销售额，倚仗着自己资历老，对新招聘的店员总是吹毛求疵，将其“挤兑”得无法继续工作，以致两个新人都无奈地提出辞职。

要适应陌生的环境需要一个过程，而在适应过程中难免会有不顺心、不如意的事情发生。作为店主对新招聘的人员要多给予关心、支持和帮助。案例中新招聘的店员因对业务还不熟悉，对同事还不了解，其销售额可能会很低，其奖金可能少得可怜，再加上同事们的“挤兑”，心情必然非常郁闷，感觉在此工作没了希望，所以会辞职不干。

出现这种情况，店主要负一定的责任：一是没有引导店员正确处理同事关系，这直接导致了老店员对新店员的排挤，对新店员不是热情的传、帮、带，而是冷言冷语、吹毛求疵；二是未能及时同新店员进行沟通。新店员在无法取得别人，尤其是无法取得店主帮助的情况下，只有选择辞职。

一项调查显示，新员工最容易离职的时间，是在刚入职两周之内。或因为对行业失望，更多是因为没有很快融入团队。不少门店店主采用的是用“放牛吃草”式，懒得在新店员身上下功夫，甚至说能够熬过一个月后再来培养，免得浪费精力。新员工往往被安排做货架或卖场清洁，没有成就感，没人关心他们的成长。这样的结果是一边公司化大力气招人，另一边却不断流失。正确方式应该是怎样的呢?

一、店主亲自欢迎

新人报到当天，店主必须在店内上班以示重视。新员工由店主陪同参观将来的工作地点，店主须以轻松态度与新人沟通以下问题。

1.询问新员工的籍贯，饮食习惯，个人爱好等，逐一介绍上班的员工与新人认识。

2.陪同新员工参观卖场，后仓，员工休息室，洗手间、出入口等，告知走火通道具体位置，和逃生办法。

3.告知员工上下班时间，用餐时间地点等。

二、指定教练员

新人报到当天，店主须指定有教练员资格的资深员工或管理人员担任该员工的教练员，在实习期间负责解答员工疑问。并指导新员工的工作。同时，教练员还负责关注新员工的工作状态和心态变化，发现异常，及时予以调节和向店主汇报。在实际操作中，我们发现使用教练员后，新员工碰到问题会有相对稳定的倾述对象，工作技能提升也相对较快，对稳定新员工队伍有非常好的效果。

三、跟踪入职后状况

为了加强管理，入职当天，给新员工发“新入职员工培训卡”，培训卡由新员工个人保管，每项工作完成后由教练员与新员工双签，一般教练员对新人跟进约在七周左右。

四、将新员工是否留住和成为合格员工作为考核教练员的指标

店主可以规定员工要升职，必过教练员这一关。是否培训合格和留住新人就是教练员的主要工作目标，具体工作中我们会给予教练员一定补贴，但前提是与新员工合格考试的分数相关。零售业工作时间长，劳动强度高，人员流失似乎是必然。但太大的流失一方面会降低服务水准，也会增加公司的成本，通过以上几个措施，表面上公司花了大力气，甚至付出了教练员工资，但新人流失的状况有了很大改善，其实是不赔钱的买卖。

五、将老顾客介绍给新店员

为了让新店员尽快适应，可以将老顾客介绍给新店员，或将顾客的基本情况告诉新店员，让新来的店员了解顾客，与顾客成为朋友，这也是巩固客源的一种好方法。同时要求店员把握工作的重点，合理安排工作时间，在不影响做好要学习服务的情况下，适当满足顾客的好奇心，毕竟顾客愿意与你聊天也是对你的信任和认同。

六、新老店员捆绑在一起

为使新店员与老店员尽快熟悉，店主不妨在新老店员之间开展

“师徒帮带”活动。为新店员安排一名工作职责相近、热情负责的老店员作为“师傅”，随时给予新店员必要的协助和指点。而被选上做“师傅”也是药店对优秀店员的认可。同时，对“师傅”额外的付出也不妨给予一定的奖励。有了良好的师徒情作为基础，新老店员间的关系自然会融洽。

七、实行试用期工资制度

要改变新招聘店员工资奖金发放形式。实行试用期工资制度，试用期内工资固定，奖金与全店的销售额挂钩。试用期满后再实行奖金和销售额挂钩制度，以便让新招聘的店员感觉工资还不是太低，试用期后还有希望。

店主应当敢于放手让经过培训和考核合格的新店员独当一面，通过解决各种各样的问题而不断成长。店主要站在客观中立的角度对新店员进行点评，指出他做得对和不对的地方，做对了要鼓励，做错了要纠正，从而推动新店员在知识结构、业务水平和解决问题的能力等方面更进一步的提高。店主的放手也绝非撒手不管，可以安排一个老店员随时关注新店员的工作，一旦遇到新店员手足无措的时候，及时加以指点。相信过不了多久，这个“幕后”老师就可以从新店员旁边默默走开了。

店员队伍要尽力稳定住

某连锁鞋店分店是公司旗下规模较大的分店之一，店员众多，位置优越，但门店的经营效益却不容乐观，而且更令人困扰的是店员流动性非常大，一些重要岗位的店员走马灯似的更迭，总部为此忧心忡忡。

无奈之下，总部为该店换了一个有多年经验的资深店长，说来也怪，尽管工资薪酬并未上涨，但是门店店员却比从前稳定了很多。那么新店长为什么会取得这么大成功呢？原来，这个门店人员复杂，工作压力大，所以跳槽频繁。但是新店长去了之后，理清了店内的一些复杂关系，同时对店员付出了很多关心，因此渐渐稳定住了店员队伍。

在零售业竞争异常激烈的今天，任何一个店铺都不可能回避店员流动的现实。店员没有流动，那么就会犹如死水一潭，缺乏生机与活力。但是流动过于频繁，则会给店铺带来太多的负担，比如，增加了店铺招聘和培训的成本，降低了工作效率；新店员过多可能会导致服务质量降低，造成老顾客的流失等隐性风险。另一方面，店员的离职，还会对周围的人造成影响，使人心思动摇……

因此店主除了在招聘、培训店员时，应主动与之签订合同外，还应该采取了一定的措施来改善店员的薪资福利，为其提供更多的个人发展空间，创造更好的工作氛围，以此来实现店员队伍的稳定。

要想防止店员跳槽，就要弄清楚店员为什么要跳槽，门店有哪些方面做得不好？一般来说导致店员跳槽的原因不过以下几点：

1.克扣店员。有些店铺对店员百般克扣，应付的报酬也经常无法兑现。店员的收入一般是底薪加提成，底薪一般定得很低，甚至干脆取消，业务能力较差的店员无法生存,能力较强的业务精英又觉得收入太低，而店员的劳动强度很大，而且一般没有节假日，生活时间被占用，当他们感到付出与回报不成正比之时，就会出现人员流动。

2.人际环境不佳。一些店铺实行家族式管理，分别对待自己人和其他人，人为地形成自己人和外来人两个团体，亲疏有别，待遇不同，矛盾自然是无法避免的。

3.自我需求的实现。当店员通过自身的努力使收入和业绩达到一个相当的水平后，自我实现的需求便出现了。店铺可以通过升迁的手法来满足这种需求，然而很多店铺只有金钱的刺激，没有任何措施满足这些高级需求，人员流动也不难理解了。

清楚了原因，那么怎样做才能对症下药稳定店员队伍呢？

首先，遇到店员跳槽时，店主应该确认什么样的员工需要留。一般来说，对门店发展具有一定价值的员工是应该想办法留住的，比如具有一定专业知识和执业资格的员工，拥有一定的顾客资源、具有较强销售能力的员工。

其次，感情投入。有付出才有回报，店主不要把店员当成赚钱机器，人文关怀让店员产生归属感，安心工作。如店员生日的时候，送上一份祝福；生病期间，组织同事前往探望；销售繁忙时，表示慰问并激励。

再次，尊重与信任。店主不要刻薄对待店员，而应将心比心，以积极的心态、平等的态度与店员交流。只有感到被尊重和信任，店员才会尽心尽责地工作。

最后，要把留住人才当作店铺管理的一项长期工作来抓。作为店主，平时应注意发现不同店员所具备的特有价值，并适时针对其所创造出的业绩给予肯定，让员工感受到店主对他的重视和认可，从而更好地激发其在工作中的悟性和潜力。

店主要正确对待跳槽的店员。首先在辞职手续的办理上不要给员工增加麻烦，不要以此来制约员工的辞职。其次，要尽快选好接班人，不要让离职员工的岗位处于真空状态。最后，要注意给准备辞职的员工留足面子，不要冷言冷语相对。毕竟辞职的员工已将在店铺的个人形象和店主对其的印象置之度外，发生纠纷会使得员工在辞职后说些对店铺不利的言论，这对留不住人的店铺，无疑是雪上加霜。

落后员工更需要激励

店主丁姐常常感叹：要是所有的店员都像张张和王丽那样多好,那门店的业绩肯定能排第一。张张和王丽是店中的明星店员，两人每月的销售业绩都让丁姐眉开眼笑，可是再看看其他几个店员她就笑不出来了。另外两名店员每月销售业绩也能达标，可是小马和明明就太差了：业绩不好，总是懒懒散散。因此，丁姐每次看到这两个后进店员就不自觉地冷下脸，怎么就不知道上进呢？不是年底店员不好找，早把你们开除了！

在店面中，店员的销售成绩总是有好有坏，对于业绩好的店员，店主也会另眼相看的，时时表扬；而对于后进店员，店主难免冷脸相待，白眼相加。但是这样做对于维护门店的健康发展来说是有害的。好业绩的员工会仗着店主的看重对店里的事一概不管，一心只想提高个人业绩；而业绩差的员工会更加自卑，觉得自己是给人“陪练”的。长此以往，业绩好的店员会与其它的员工关系搞不好，这样做下来销量也是不长久的。二是这个店面的一些业绩差的员工会辞职，因为压力太大了。而对于店主来说，员工的关系都搞不好，更别说什么制度和特色了，一切工作都会松架。针对这个情况，只有一个办法，就是在制度中要体现，团队合作精神的重要性，一个人业绩好是好事，一个团队的业绩好才是幸事。业绩好的要与业绩差的结对子，帮助同事成功不仅有物质上的奖励。更要有精神上的奖励。

对店主来说，在门店中最应关注的不是占绝大多数的中庸派，更不是那些优秀员工，而是少数几个后进员工。虽说这种员工在店铺中只占极少数，但如果管理得不好，其负面影响不小。首先，店主必须找到后进员工之所以落后的原因，并对其区分对待。

如果是本质上不好、长期表现欠佳甚至一贯劣迹斑斑的员工，那么没什么好说的，这种店员最好是早点辞退。而对于本质并不坏，只是由于某些原因，使得他们失去了工作的积极性，失去了前进的动力，养成消极怠慢、无所事事、破罐子破摔的坏习气，对这类员工，则不应放弃，店主应帮助他们改变不良习气。另外，由于考评制度的存在，每次排名，总有一些店员会被排在最后。如果几次都是如此，时间一长，他们就失去了信心，进而真正落入后进员工的行列。这就需要店主在考评考核中要不断完善制度。

对于可挽回的后进员工，店主首先不能冷眼相向，恶语相加，动不动就训斥责难。这样，不但无济于事，还可能把他们置于自己的对立面，在工作中时时与自己作对。对员工的管理，千万不能放任自流。有些店主认为这些员工也就这样了，没什么希望了，不值得浪费时间做他们的转化工作，随他们去吧，只要他们不捣蛋就行。这样的结果，只会让这些后进员工成为工作的旁观者，影响整个门店的工作气氛。

那么，对于后进店员店主应该采取哪些措施促使其转化呢?

1.加强与其沟通

与后进店员的沟通一定要亲切。沟通可以是一次诚恳的交谈，可以是一次实事求是的表扬，甚至是一次中肯的批评。只要态度真诚，注意方式方法，就能拉近与后进员工的距离，为做好转化工作打下好的基础。交流时要以表扬鼓励为主，同时也要客观地对待他们工作上的得失，实事求是地进行评价。其次，批评后进员工时要给他们设台阶、留退路，帮助他们树立工作的信心。如果话说得太绝对，只会让他们产生破罐子破摔的心理，对工作毫无益处。

此外，不同的员工，在思想、性格、知识、能力等方面都是有差异的，店主与员工沟通时，切记要摆正位置，做好换位思考，不要摆出高人一等的样子，对员工采取“我说你听”“让你咋干你就咋干”等简单、粗暴的沟通方式，这样只会越“沟通”越不通。

2.激励其上进

每个人都有自己的优点和缺点，对后进店员，店主要努力发掘其优点。在做后进员工的转化工作时，店主要有包容的心态，不能戴着有色眼镜看人。特别是要善于寻找后进员工的优点，并且把优点适当放大，多在公开场合肯定他们的成绩，激发他们的工作热情和积极性，让他们体会到努力工作取得成绩后的成就感和乐趣，从而提高他们的自律、自觉意识。善于发现并及时肯定后进员工的优点和长处，能有效增强其自信心和责任心，在今后的工作中，他们将会更主动地把工作做好。

3.为其寻找合适岗位

如果某店员业绩实在不佳，可以考虑一下是否目前的岗位不适合他（她），条件允许的情况下可以为其调换工作岗位。某店主，发现有一位后进员工哪个柜组都不要他，原因是这位员工内向、木讷，喜欢一人独处，很少与人说话。这样的员工，自然不善于招揽顾客。因此，每次考评时他的销售业绩都排在最后。店主发现这个问题后进行了认真分析，经过考虑后，安排这位员工去做库管。结果，这项别人都不乐意去做的工作，他却喜欢。在上班时间，一天到晚，他都老老实实地工作，从不离岗，仓库工作也从没出过差错。最终，这位员工受到了公司的表彰，成为先进工作者。

对于业绩差、工作状态不佳的员工，店主一定不能轻易放弃，只要做好转化工作，后进员工也可能会成为先进员工。生活中，有的店主心态较急，工作方法简单，总想速成，早见效果。一时半会没见成效，就给这些员工扣上无可救药的帽子，从而放弃对后进员工的转化工作。事实上，后进员工的转化是一项复杂的事情，店主必须调整心态，多付出一点耐心。

管理因人而异，不要粗放

老张的门店里新来了一个店员小陈，工作一段时间后老张发现这名新店员虽然工作能力很强业绩拔尖，但脾气也非常暴躁。平时看着还好，是个没什么心机的直肠子，很好相处。但是一工作起来就变了样，经常为一点小事就大发脾气。

一次，小陈和一名老店员为了一点小事发生了冲突，小陈指责老店员把货品随意乱丢。老张对小陈这个“刺头”真有点不耐烦了，总是挑起事端，一些小事忍一忍或者跟自己报告一下不就行了！于是老张在调节时对小陈的态度就有点生硬。“小陈，不是我说你！怎么总把店里弄的鸡飞狗跳！当这是什么地方呢！你家呀！”这下子小陈也急了：“我怎么了？你怎么不先搞清楚谁对谁错就骂我！”老张也是个急脾气，当下两人就吵了个脸红脖子粗。

随后小陈辞职，老张也面临着无人可用的窘境。

案例中小陈就是一个我们常说的“刺头”店员，工作能力强，脾气也大。不管她出于什么原因，和同事在营业时间吵架都不能说是对的，而老张在处理小陈与同事吵架的问题上也存在错误。对待脾气暴躁的员工，应该先灭掉她的火气，然后再讲道理。

店主们必须明白，在员工群体中，人与人之间性格差异很大：有易于冲动、脾气暴躁者，有感情脆弱、内敛含蓄者，有得过且过者，有积极进取者……每个员工都有每个员工的特点，每个员工都有每个员工的喜好，适合管理这个员工的方式或许就不适管理那个员工。如果店主不能做到因人施策，差别管理，就很容易造成人心涣散，离心离德。

如何让那些各具个性的员工团结同心，需要店主在全面掌握员工性格特点的基础上，以有效激发员工的内动力为原则，实施差异化管理，讲求策略和方法，做到管理方法因人而异。

1.冲动易爆型店员

这种性格类型的店员工作中稍有不如意或不顺就会情绪发作，抱怨责骂，甚至无端生疑，大发雷霆，与同事的关系紧张，这非常不利于店员之间的团结协作，影响工作的正常开展。面对这类店员时，店主必须保持冷静与耐心，不作任何表态性发言，在仔细倾听他们的谈话，让他们宣泄完愤怒的情绪，相对冷静后，再表达你的观点或看法。告诉他们，动辄发脾气的人一来有害身体健康，二来暴露出自己的不成熟，劝导其遇事要善于控制自己的情绪，保持理智，这样对人对事都有好处。同时提醒他们，要改变这种性格缺陷，平时要多与同事沟通交流，主动参与班组的协作活动，与同事建立和谐关系。

2.敏感脆弱型店员

这类店员未必表现的如“林妹妹”般娇弱，表现在工作中，往往是谨小慎微，不苟言笑，内心时刻处于一种紧张状态。其实，越是这样，越容易产生压力和不安，越影响自身能力的发挥。对待此类店员，店主就应该多从店员的角度出发，无论是平时谈话，还是安排工作任务，都要注意方式方法，尽量避免伤及店员的自尊心。即使店员在工作中出了差错，也应该多用提醒的方式，关切的话语，委婉地指出存在的不足，而且要善于为店员分责，告诉她们这种差错可能是多种原因所致，与个人能力没有必然联系，防止店员因过于自责而丧失信心。当店员业绩有了提高，就要抓住机会对她们的辛勤努力给予充分肯定，这时适度的赞扬与鼓励会让她们产生被重视的感受，进而焕发出更大的工作热情。

3.得过且过型店员

这类店员很常见，他们胸无大志，业绩不好不坏，安于现状，得过且过。店主对持这种工作态度的店员绝不能视而不见，掉以轻心，因为他们的存在会对周围的店员产生极其不利的情绪影响。对此，店主要掌握主动，与这类店员进行深度沟通交流，晓以利害，提醒她如此工作态度和行为表现，对自己的成长进步也是有百害而无一利。

4.积极进取型

这类店员往往表现的很活跃，他们不但工作态度热情，而且往往还会主动为店主出谋划策。店主对待这类店员应该量才适用，才尽其用。首先要充分尊重这类店员的个性，结合门店特点，尽可能给店员的个性发展留出一点空间，采取灵活有效的方式来激发他们的工作潜能，平时多与他们加强交流互动，多倾听他们的意见与建议，尤其是重大决策活动，要多召集他们参与，听取他们的意见与想法；另外还要充分发挥这类店员的示范带动作用，积极营造“能者上、平者让、庸者下”的良好氛围，当这类店员在企业受到高度重视和特殊“礼遇”时，对其他店员必将产生震动和影响，后进店员必然会自觉地以先进店员为榜样，自我加压，努力工作，以行动和成绩来证明自身的价值。

5.优缺点鲜明型店员

这种人也就是我们常说的两头冒尖的人，工作业绩好，缺点也突出。对他们，首先是用长处，长处显示出来了，弱点便被克制，也容易得到克服。其次是做好思想和情感沟通的工作。一年里谈几次话，肯定成绩、指出问题、沟通感情，使他们感到店主的关心和理解，也就会在工作中兢兢业业。再者是放开一点，采取一忍二等的办法。不要老是盯着她，而是给他留有一定余地。帮助她也只是在大事上、在关键性的问题上，否则，束缚住手脚就很难有所作为。

人和人的素质不同，导致在销售上的业绩也是不同的。导购员也是一样。一样的卖场，安排不同的店员就会产生不同的效果。我们的店员不可能个个都是精兵良将，也不可能个个都是散兵游勇。只要对于店员进行合理的安置，根据他们各自的特点安排到最适合他们的地方，就能够达到最好的效果。

把冲突变成促进团结的机会

某品牌服装店正在夏装买一送一的大型促销活动，活动效果很好，导购们态度也都很热情。没想到却爆发了一场店员间的冲突。

周六下午，中午有个同事做销售太“积极”，抢了另一位同事的单，结果两人当场吵了起来，引起部分顾客围观。由于店主不在，无人劝解，过程持续了二十多分钟，给店铺造成了不好的影响。

下午店主回来后知道了抢单事件，但是由于当时顾客较多，而且两人看起来也很平静。店主只是批评了两个人几句，每人扣五十块钱就算了。本以为这只是一件小事，没想到两人就此结下了矛盾，相见两相厌。原来和谐的气氛一去不复返……

原本是店铺很常见的抢单，但是店主在处理时存在问题，导致店员之间的小冲突变成了大矛盾。冲突发生后，店主应该首先缓解卖场同事之间的紧张气氛，然后在第二天的晨会中引入昨天的事件，指出抢单的危害，再进一步解决问题，不要让两人因此产生心结。

店员间的的冲突，往往很棘手，但是作为店主因此就不闻不问。冲突一旦发生了，沉默是不对的，当事情没发生更不可以。

正确的态度是坦诚地认真地沟通，店主要召集双方交谈。而且不能拖，事后沟通越早越好，时间拖得越长，双方心理上的芥蒂越深，化解起来就越麻烦。况且，在销售场合发生争执，对和其他同事间的关系都会造成不良影响。尽快化解矛盾甚至敌对情况，也是要预防其他同事发生类似的冲突的，店主做出这种姿态是非常重要的。

工作需要不同人员之间的相互配合，有接触就很容易发生矛盾冲突。发生冲突的原因很多，可能是发生了销售上的利益冲突，可能是处理问题的方式上欠妥当，也可能是信息未及时传递造成了影响，甚至仅仅是没有处理好个人情绪而带到工作中来。因此，店员之间因为工作关系发生冲突是很难避免的。

对门店来说，团队的战斗力是店铺核心竞争力的重要内容，其强弱并不取决于个体是否强大，关键还在于协调、配合、步调一致然后形成的合力。团队性内耗多表现为店员之间“窝里斗”、嫉贤妒能“放冷箭”等严重等现象，情况复杂，破坏力强，给店铺所带来的危机比其他内耗要大得多。因此，对制造团队性内耗的当事人必须及时、严肃查处，对多次违犯的要毫不留情地清除出列。同时，店主也要充分认识到团队性内耗的危险性，要注意防范于未然。

其实，店铺员工之间、甚至店主与店员之间偶尔冲突也可以算得上是另一种形式的沟通，冲突是发泄长久积压的情绪，冲突之后雨过天晴,双方才能重新起跑，关键是店主要能完美地处理冲突，将冲突变成提高团队凝聚力的机会。

那么店主如何正确处理店铺内部矛盾呢？

1.现场冷处理法

处理这类问题切记要根据情况，现场不妨冷处理一下。如果事情发生了马上就提出批评，那样不仅会影响当天销售，也会给同事造成心理压力，产生抵触情绪，让同事间的关系越来越紧张，对店铺的发展很不利，如果拿到第二天提出，那大家的注意力也会转移不少，再来说的话就不会搞的很严重，大家更容易接受，而且不点名批评相信会让那位同事印象深刻，对于他的行为，肯定了出发点是的，这样也体现了表扬比批评的效果更好。

2.密切观察法

随时留意店员心态，因为矛盾会导致店员心态消极。如果大家心态都是最佳状态，那店铺的销售肯定会很好，相反，一个同事的消极心态不及时调整，那会传染给其他人，甚至整个店铺，因此店员心态一定要随时沟通，因为他们永远都是直接帮你创造价值的人。

3.冷静分析法

要冷静分析问题，正确处理矛盾。店主必须保持头脑冷静才能对矛盾做出客观判断，避免主观臆断，排除外来信息的干扰。如果属于信息沟通问题，店主应主动澄清事实，解除误会；属于利益纷争，店主应试着重新审视规章制度，避免此类情况的再次发生。

4.黄牌警告法

对冲突不止，且日趋加剧的双方，在批评教育、晓明大义的基础上，采取一定的行政手段和组织措施。如民主会诊、责令检查和“最后通牒”等出示黄牌警告的方法。

5.坦诚中和法

当团队成员之间的意见或主张利弊并存时，往往会产生争执或冲突，双方都应明确认识到自己或对方主张存在的利弊，诚心诚意地收回或部分收回原来的意见或主张，最后形成的决定要集中大家的长处，体现集体的智慧，使冲突变成积极的有利因素。

6.自我补偿法

当店主个人意见被领导集体否定后，店主为了缓和心理冲突，可以改变原有的意见和主张，提出新的认识、可能被大家接受的意见或主张来补偿。作为店主则应慎重考虑这种新的意见和主张，尽可能使店主与团队集体取得一致性意见。

7.彼此退让法

当店主发现自己在冲突中处于理亏地步时，应该有正视错误的勇气，然而在冲突之中主动退让是很难的，特别是对于作为店铺领导者的店主来说。这时就需要双方各自退让一步，达成彼此可以接受的协议。采取此法，关键是把握好适度点。

一是看冲突双方的“调子”高低，分析双方的起初意图；二是视冲突的事实和抑制冲突的气氛对双方心理的影响程度，分别向他们提出降低“调子”的初步意见；三是在冲突双方或一方暂不接受调解意见的僵持阶段，可以采取欲擒故纵的临时措施，明松暗紧施加压力，促其早转弯子。

冲突化解之后，店主还应该考虑一下在今后的工作中怎样避免发生类似的问题。到底是规章制度有问题？还是做工作没有按程序进行？还是下属受到情绪干扰？找到问题的所在，制度是可以修改的，程序是可以提前作准备的，情绪是可以控制的，这样一来，既预防了可能发生的不愉快，又制造了良好的工作气氛，增加了店铺团队的凝聚力。

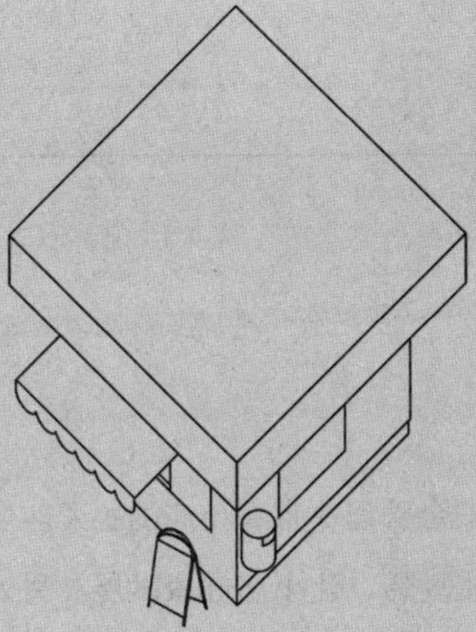

第八章

小店不败的两大法宝：财务管理、安全管理

财务管理与安全管理决定着小店的生死。店主必须懂点财务知识，才能加快资金周转，让小店健康发展。另外，作为与普罗大众生活息息相关的小店，不可避免地会遇到各种突发事件甚至危机事件，比如火灾、抢劫等，要求店主要有处理各类突发事件的能力。

现金为王，管理要慎之又慎

有一家中型超市，业绩平稳，店内也从未曾出过什么乱子。时间长了，各部门也就都有点松懈了，店内本来对现金接收存储都有明确规定，但现在一些规章制度执行起来也就马马虎虎。店主对此睁一只眼闭一只眼，水至清则无鱼嘛，只要不出问题就好，管理放宽松点店内气氛也和谐。

天有不测风云，平时经营顺利，结果一出就是大麻烦。一次查账时发现，营业收入缺失了6万多元，这笔钱哪去了呢？找会计部门查核，仍旧说不清楚；店主将会计主管痛骂了一顿，会计主管也有委屈。他拿出一叠营业结账明细表，只见上面很多都有涂改痕迹，有一些字迹也无法辨认，这都是营业部提供给他们的。

事情到了这个地步，店主后悔莫及。

现金管理是店铺财务管理的一个重要方面，任何时候都不能对现金管理工作放松警惕。案例中店主本应指定专人负责营业收入的保管，而且店主最好能亲自在每日结业时收取营业收入，而每日营业结账明细表更是应该填好，以备出现问题时核对。

在财务管理工作中，一般店铺传统上都以现金为主，目前虽加入信用卡及网络订货方式，但是仍然以现金的收付最多。而现金的管理仍是店铺管理的重心，加上店铺每日大量的的现金收入，常成为别有用心者觊觎的目标，所以现金的管理就成为店主的当务之急。目前，一般店铺都有现金保险，一般的投保金额为平均每日营业额的3倍，对于每日收入的现金，一律存放金库，并由保全人员陪同每日送往银行存放，以降低现金被盗、被偷的机率。

认识到了现金管理的重要性，那么在实际工作中，店主应该做好哪些方面的工作呢?

营业收入查收

1.每天除了在收银员交班、打烊时作时段营业收入总结算，以计算收银员执行任务的正确性外，还必须选择一个固定时间做单日营业总结算。单日营业总结算的时间最好选择在每天下午3点之前，一来可以避开营业高峰，二来可以配合现有金融机构的营业时间，便于进行存款作业。例如：每日午后2点，从收银机结出单日营业总结算的账条，此账条代表昨日2点至今日2点的单日营业总金额。2点以后再重新计算累计营业收入。

执行时段及单日的营业结算作业时，必须将所有的现金、准现金，及相关单据一起处理妥当，处理时应由收银员与主管在指定地点执行并对点清楚。单日营业结算后，应填写“每日营业结账明细表”，做为日后会计部门查核及作账的资料。

2.店内所得的营业收入应于固定时间存入或汇入金融机构。存入时，应由店内指定人员负责，并妥善规划存放的日期、时间，以及路线等，以免运送途中发生意外事故。

3.为了安全起见，亦可请保全公司代为存款，以减少运送的风险。保全公司前来收款时，必须辨析保全人员的身份，并确实核对签名样方可交款。收款时必须有两位以上的店铺工作人员在现场帮助清点现金，金额确定之后，应填写托运单并核对封条号码、收取日期、时间方可签字取得签收条。然后再将签收条缴回相关主管单位存查。

收银大钞管理

1.收银台不仅人员出入频繁，也是店铺惟一放现金的地方，其安全格外值得重视。尤其找钱给顾客时，并不需要用到最大面值的现钞，因此无须将最大面值的钞票放在收银机抽屉内的现金抽屉，为了安全起见，可放在现金盘的下面，以现金盘遮盖住。

2.当抽屉内的大钞积累到一定数额时（可依个别的营业情况自行订定，如2万元），应马上请相关主管收回至店门的金库存放，此作业可称为“中间收款”，避免收银台的现款累积过多，引起歹徒的注意。若真有歹徒强行抢劫，也可由于大钞部分已从收银台收走，而使店铺损失降至最低。

3.收取大钞时，应暂停收银柜台的结账作业，将现金放在特定的布袋，然后系在手上带走，随时注意四周的情况。

4.每次收大钞时，经过点数后，必须将收取的现金数额、时间登录在该收银柜台的“中间收款记录本”内，由收银员及点收主管分别签名确认。如有涂改时，也应签署以示负责。每台收银机应有分别的“中间收款记录本”。

5.大钞送到金库后，也必须登录在“金库收支簿”内，将日期、时间、收银机号、金额和累积数填写清楚，登录者必须签名以表明负责。

金库管理

1.现金除了存放在店内的收银机之外，只能固定放置在店主室的金库内。金库应设有“金库现金收支本”，对于取出或存入现金的各种行动必须予以详实记录。任何消费性支出，应附有单据或发票。

2.金库发现有任何短缺时，应立刻请相关主管人员进行调查。

店铺在日常经营的过程中，并非只有收取现金的时候，才有发生现金支出的情形。例如顾客要求退货时，也会发生现金支出。这种情况下很容易出现错误，因此现金支出之前，必须先检查退回的货品，确实填写退款单之后放人收银机内，再将现金取出。店主一定要对这一点做好监督，否则很容易出现账目不清等情况。

合理且最大化地利用营运资金

营运资金简单说来就是店铺营运所需的资金，它能应对和防范门店经营遇到的各种危机。它也是店铺资产中最活跃的一部分，直接决定着店铺能否顺利发展。因此店主一定要重视营运资金的管理，否则出现长期投资、呆账等占压资金情况，对门店的运转影响很大。店铺要强调资金的使用效益，要以最小的流动资产投入获取最大的销售收入。也就是俗话所说的，以四两拨千斤。

张小姐经营的专卖店近来生意大有起色，原因是门店附近新建了地铁站，客流量变大，这使得张小姐萌生了扩大店面的念头。

但是扩大店面就会增加许多支出，专卖店生意刚刚好转，手边资金也很不凑手。到底怎么办呢？反复思考后，张小姐决定贷款扩大店面。这种做法是很冒险的，但是张小姐安慰自己说：富贵险中求。

经过扩充后，张小姐的店面扩大了一倍，店面铺的货也更多了。但是偏偏营业额没有显著上升，这让张小姐万分焦急。一段时间后张小姐不得不将一半铺面转租，高租金和贷款的压力已经让她无法承受了。

像案例中的张小姐一样，生活中一些店铺的店主（主）也常会遇到现金周转不能顺利进行、为现金周转付出高昂的代价、难以筹集需要的资金等问题，如何用较少的营运资本维系店铺的正常运转，并使店铺得到快速的发展，是店主们都必须认真思考的财务大事。

一些店主不注意收帐和现金支付的比例，整天拆东墙补西墙，甚至是拆了东墙也补不了西墙，有些只好狗急跳墙，付出极大的代价。其实营运资本的管理对门店的重要性甚至甚于大商场。因为大商场营运资本的管理决策一般对商场没有致命的影响，而小店铺由于底子薄，根基浅，应付风险的能力小，一笔较大的欠款就可以使一个店铺倒闭。

当营运资金有限时，要获得最大的利润，就必须加快资金周转速度。资金周转速度的加快，相应地要求物流速度也加快，各种调查的工作就必须跟上。一般顾客都是以现金支付，特别是用信用卡支付的，店主要及时把款项划过来，加速资金回流。需要周转金时，即使是挂账，进货之后开始销售，如果回收货款的期间能和进货到付款之间的期间一致，就不会产生付款困难的情况，货款的期间长于进货付款的期间时，这段相差的期间，就需要周转金，一般来说，门店应该有一定的周转金，以备不时之需，但这就有一个如何度量周转金额度的问题。

如果实在已经没有周转金可供使用，但又想增加营业额时，那就必须缩短库存时间，将回收销售货款的时间提前，或是延长进货货款的支付时间。在筹措资金方面应该掌握什么商品的周转期较长，哪位顾客或进口商较常用现金交易。最好是做一张资金筹措表（分预测、实际两种），才能避免周转金不足的情况发生。

此外，店主还可以从以下方面着手，最大化利用营运资金：

1.进货费用尽量延期支付

尽量与进货单位建立长期合作关系，这样自己成为他们的客户，而且是长期客户。除了第一次合作，为了表示己方的诚意，需要提前支付货款外，以后的合作，就需要尽量把付款条款修改为，先货后款。当然，付款协议签署以后，一定要按章办事，货到30天内付款，一定要第30天付款，不要一拖再拖，以免影响门店的付款信用。

2.产品账款尽量先前收取

一般情况下，门店经营概不赊欠。但是有些店铺可能会难以避免地涉及到延迟付款问题，如果客户是第一次购买门店的产品，一定要求对方先付全款，然后提货。并随时记录各个客户的付款情况，制定相应的付款条款。对于信用好的客户，可以将预付款的比例适当降低，但最多不低于成本。一旦原来信用好的客户发生拖欠行为，其信用水平就要立即降低，马上提升预付款的比例。这样，给客户以警示，并能把风险减到最低。

3.尽量避免大笔固定投资

很多店主（主）都会做这样的事情:门店赚钱以后，就迫不及待地购置自己的店面或大型设备，而往往自己的店面或大型设备建好以后，门店也被银行债务拖垮了。所以，需要占用资金巨大、建设周期长的大型生产设备或固定资产，一定要尽量租用。这样，虽然短期内支付的租金相应多些，但能保留下足够的现金流，支撑店铺良性运转。而当店铺的资金积累到一定程度，完全可以支付这样一笔巨款的时候，才是考虑购置自有固定资产的时机。

成本控制做到锱铢必较

店铺成本的高低，是店铺是否具有立足之本的关键。从店铺发展的整体和长远来看，市场竞争的实质是店铺之间成本的竞争。一个成本管理混乱、费用开支庞大、成本利润率很低的店铺，是不可能在激烈的市场竞争中获得成功的。因此店主在日常运营中一定要抓好成本控制工作，这也是衡量一个店主工作成败的指标之一。

朱先生开了一家中小型超市，开业两个月后，朱先生决定进行一次成本核算。拿到会计部交过来的运营报表后，朱先生吓了一跳：怎么成本费用这么高啊！设备损耗近2万元、员工工资11万元、水电15万元……费用总额共41万余元，在超市所在的二级城市两个月成本这么高是不可想象的。可是设备损耗、水电支付等又是必须支出项目，那么浪费在哪了呢？

案例中的朱先生对门店成本控制做的很不到位，明知道费用过高，却连导致费用过高的原因都找不到。如果朱先生能在一开始就关注成本控制，制定严格的管理制度，那么久不会出现这种情况。

为了更好地控制成本，在店铺经营中一定要对营运表上的费用细分。比如员工工资、电费、电工安全鞋、推车修理费，神秘顾客购物……都要一一体现。另外，成本费用还有可控与不可控之分，可控费用包括库存、水电、包装、耗材等，不可控费用包括固定资产折旧、店铺租金、利息、开办费摊销等项。每个月、每个季度、每一年都要由财务汇总后发到店主的手中，超支和异常的数据都要特别标明，相关部门需要对超支的部分做出解释，这样就可以最大限度地控制成本。

在日常经营中，店主在成本控制方面主要应关注三个指标：

1.库存中的成本控制

库存成本同样也是成本管理的重中之重。成功管理库存并合理控制其成本的首要一点是对库存的成本构成有正确且全面的认识，库存成本的构成一般可分为以下三个主要部分：

（1）库存持有成本，即为保有和管理库存而需承担的费用开支，具体可分为运行成本、机会成本和风险成本三个方面。运行成本主要包括仓储成本以及仓库中的设备投资成本和日常运作费用（水、电、人工等）。机会成本主要是库存所占用的资金所能带来的机会成本，即库存占用的资金如果不用于库存而去经营其他投资所能获得的平均收益。风险成本是保险费用，为了减少库存的损失，大多数的店铺会为其库存的安全保险，其费用就是库存成本。

（2）库存获得成本，是指店铺为了得到库存而需承担的费用。抛开库存的本身价值，获得成本体现为订货成本，包括与供应商之间的通信联系费用、货物的运输费用等等，订购或运输次数越多，订货成本就越高。

（3）库存缺货成本，简而言之就是由于库存供应中断而造成的损失。

对库存成本的控制具体可以从以下几个方面展开：

（1）正确确定库存商品。对一般性的店铺来说，其经营的产品少则几十种，多则成千上万种，并且在大多数的情况下，不需要也不可能对所有的产品都准备库存。所以店铺的首要任务就是正确确定库存和非库存的商品。

（2）减少不可用库存。虽然很多时候库存是必须要存在的，但并不是所有的库存都能随时发挥其作用，或者说这些库存在一定的时间内是不能用的，降低库存成本的一个重要方面就是要尽可能地降低这些不可用库存的量。

2.人力成本控制

人力成本是指为取得和开发人力资源而产生的费用支出，包括人力资源取得成本、使用成本、开发成本和离职成本。

在知识经济时代，店铺在人力资源上的投资比例一定会越来越大，如何加强对人力资源成本的控制，成为店铺财务管理的一个新课题。

（1）人力资源的取得成本控制。人力资源的取得成本相当昂贵，一旦员工被雇佣，即使勉强合格也很难辞退。所以，店铺首先可以采取转包、租赁员工、招聘应急工、内部提升和内部调用等多种应急方式，当采取以上方式都不能满足店铺的需要时，店铺应该采取向社会公开招聘的方式。

（2）人力开发的成本控制。店铺首先需要做好调查，确定必须做好哪些培训，哪些员工需要培训，哪些工作需要培训，不同的人力开发有不同的成本。店铺经营管理者必须结合财务状况做好权衡分析与决策。

总之，人是第一资源，店铺要增加效益必须控制住人力成本。控制住人力成本，店铺就成功了一半。

3.降低财务成本

任何组织或者部门的运作都必须注重效率，财务部门也不例外。财务部门应当在降低财务成本的同时，尽可能保持甚至提高质量。店铺可以通过附加价值来提高质量，即降低交易成本、加快处理、寻求获得更好信息的捷径等。附加价值又会提高现金流量，带来更好的决策及其他好处。当店铺意识到财务部门工作的速度所带来的成本和成效会影响到店铺每个环节的时候，就会推动财务部门的变革步伐。店铺可以双管齐下采用两种延伸战略，即尽量降低成本和尽力优化合作，来提高质量。

大多数店铺早已在努力控制财务成本，其中包括应收款、应付款、工资和差旅费用等。可以通过以下几个途经降低财务成本：

（1）抓住业务需要。许多财务部门提供某些报表是习惯所致。随着时间的流转，店铺业务在不断成长、发展，信息需求不断变化。通过抓住确实必要的业务流程和财务报表，就能去繁就简。

（2）投资更好的技术。一流的技术能帮助财务部门飞速提高生产率，但要注意避免使用过于超前的技术。

（3）培养高度敬业的精神。要让财务部门的员工热爱自己的工作，造就一个自我管理的团队，使员工各尽其职，根据绩效进行奖励。

（4）提高业务流程的效率。为了降低成本，可以采取业务流程重组、持续改善、共享服务和业务外包等方式。

员工安全防范要处理好细节

店铺的安全工作是一项长期而艰巨的工作，时刻不可松懈。安全工作的落实是非常重要的，我们不仅要在安全设备、设施、环境等硬件方面去细致落实安全工作的同时，还应在部分有安全隐患区域加上"小心安全"等警示语，从每个细小的环节做到防患于未然，避免各类悲剧的发生。

某建材超市年底发生了一起严重生产安全事故。店里新进了一批货品，其中包括4.5米长的粗钢管。结果在上货时，收货员陈某未按照工作要求拆包，导致钢管四散砸出。陈某本人左臂骨折，另外还有轻微脑震荡；站在一边的收货部主管被砸伤，另外还有一个跟家长来选购商品的6岁儿童脚部被砸伤。事故发生后店里乱成一团，吵闹声、哭叫声、报警声……超市不得不关门处理，一天半后才重新营业。

出了这样的事情后，店主对事故发生的原因进行了一次调查。这才发现很多员工在工作时都很随意，没有按照规范工作。如果不是这次突发事故暴露了这个问题，说不定以后还会出现更严重的事故！

首先，理货员操作不规范，说明领导对生产安全的重视度不够；其次，门店管理松散，任由儿童随意接近收货区，带来了安全隐患；最后门店缺少应急机制，在事故发生后没能及时快速地处理，造成了停业一天半等后果。

在人多拥挤的商场或超市中，一定要注意危险物品的防范，同时一定要为员工制定正确的工作规范，避免由于不当操作引起安全问题。

1.危险商品要加强防范

玻璃。玻璃易碎，不能用手推扶；一个玻璃货架的一侧只能存放一种玻璃；把玻璃区存货区用带扣或绳索隔离起来，使顾客不能随便进入，只有在商品部员工陪同下才能进入；裁剪玻璃的工作区只应有负责裁玻璃的员工，其他员工和顾客不能在此逗留。

磁砖。在搬运时要注意托盘是否结实、磁砖的包装是否完好；磁砖收货时要注意所用的我店专用托盘型号是否与其将要码放的货BAY型号相一致，若过大，则会导致托盘探出货BAY，若过小，则会导致托盘直接压在木挡板上，存在安全隐患。

易燃易爆商品。对于所有易燃易爆商品在店内只能摆空桶、空瓶作为展示，现货必须存放在店外仓库，顾客在商品部看好货后，理货员为顾客去仓库提货；若有易燃商品出现泄漏或打碎外包装，必须马上隔离现场，立即用干的布进行清理，清理后的废布、垃圾和残液必须集中起来交给保卫部处理，不能丢入店内垃圾箱内或倒入下水道，以防遇明火起火爆炸。

吊灯的安装及输电线路。展示出来的吊灯要随时检查其牢固性，以防脱落伤人；输电线路要随时检查，以防线路老化导致短路引发火灾；不允许私接灯具、电线、其他用电器，如果有需要，必须把用电负荷、所用材料、设计案等通过物业部审批，由物业部专业电工来操作。

2.加强对员工的劳动保护

不许穿露脚趾的鞋；

不许穿短裤；

工作时穿好围裙；

搬运重物时戴好护腰，防止腰部肌肉拉伤；

搬运木材、瓷砖等商品要戴好单胶面手套；

操作切割锯、电钻等电动工具时不能戴手套，以防在设备转动时手被卷入；

不得私自操作未经过培训的电动工具；

登高作业时要系好安全带，如果必须用叉车登高，则需把安全带系到叉车的门架上；

尽管不是生产性的企业，对那些从事具有危险性工作的员工，应该配备足够的个人防护用具，如：手套、长筒靴、口罩、眼罩。

3.发生安全事故后的反应措施

对于流血的员工或顾客进行现场紧急包扎，防止失血过多；

联系车辆，送伤员去医院；

对于不能行动的重伤员，要利用现有物资做一个简易担架，把伤员抬到担架上运送到店铺门外，再连同担架一同抬到货车上或无后座的面包车上；

把伤员送走后，迅速整理现场，恢复店内正常经营秩序；

通知店内有关领导；

把事故当作典型案例在晨会上宣讲，对员工进行劳动安全教育。

不要大意：安全防火不是儿戏

2012年，某市一大型综合商场发生了一起火灾事故，位于商城中间一楼梯口商户首先发生火灾。接着波及到了其他摊位，烧毁布匹、塑料制品、服装等多种物品。火灾后统计商场上百个摊位被烧毁，过火面积达1000多平方米，直接财产损失为180多万元，并有一人死亡。

事后调查，商场的火灾是由于电线短路引起的，而引起电线短路的原因则是乱接电线。此外商场的消防器材严重不足，部分消防通道也被堵死，这给后期救火带来了极大困难，加重了损失。

来往人员复杂，店主消防意识淡薄，缺乏基本的防火、灭火常识……以上都是容易导致火灾引发的原因。另外很多店铺内违规用火用电的现象较为普遍，电线的私拉乱接、大人吸烟和小孩玩火的现象也屡见不鲜，这些方面的因素大大的加大了火灾发生的概率。生活中，大部分的门店，由于经营者消防意识淡薄，未配备灭火器材，或配备不足，一旦发生火灾，由于处置不当或处置不及时，致使小火酿成大灾。

那么店主该如何做好店铺防火工作，并在火灾发生时尽量减少损失呢？要点如下：

1.对门店整体建筑进行适当的改造

改造门店建筑可以达到减少疏散时间，延缓火灾烟气蔓延速度，延长救援时间的目的。减少人员疏散时间的方法主要有两种：一是在初期可以将一层和二层连通楼梯的形式改为封闭楼梯间，并在首层设置直通室外的安全出口。这样，即使发生了火灾，二层的人员不需要穿过火场就可以直接疏散到室外地面；二是二层增加室外连廊，连廊上再设置疏散楼梯，这样二层人员的疏散完全可以与一层独立开，并不受一层的影响。店铺还可将住宿与经营、储存场所之间的门改为具有一定耐火、防烟性能的防火门，以延缓烟气通过楼梯往上蔓延的时间，从而为消防队开展有效救援赢得了时间。

2.控制可燃材料装修

一些店主为了节约成本、缩短工期，在装修过程中经常使用大量可燃材料进行吊顶和分隔，这些材料燃烧猛烈，并会产生大量的有毒烟气阻碍人员的逃生，对灭火救援都会造成了很大的阻碍。因而在装修时应该尽量避免使用易燃的材料。

3.让店员熟悉店内的消防器材

消防栓：打开消防箱门，取出水带，展开，把水枪头靠近火源后，打开阀门，水喷出，适用于火势较大时的灭火；

灭火器：包括干粉灭火器（适用于普通固体材料、可燃液体和气体）和1211灭火器（适用于各种油类、易燃液体、可燃气体和电气类物品），灭火器使用前拔下保险销，提起灭火器，握住喷嘴，对准起火处的火焰根部，按下压把喷射；

烟感器：是烟雾浓度自动感应报警装置，安装在建筑物的顶部，当燃烧产生的烟雾达到一定浓度时，感应器报警，消防中控室接收到报警信号并显示起火；

喷淋系统：此系统布置在建筑物的天花板下面，管道一般为红色，管道上等距分布喷淋头，当环境温度达到六十摄氏度时，喷淋头内的玻璃塞自动爆裂，管道内的消防水在消防泵的压力下喷射出来灭火；

防火卷帘门：当环境温度达到60摄氏度时可自动降下，也可人工控制降下，用于当某一区域火势不能控制时，人员撤离，放下卷帘以阻止火势蔓延到其他区域。

4.危险部门商品要重点管理

木地板、家居区、放置的灭火器数量应为其他部门的两倍以上；

酒精、稀料、防锈漆等易燃、易爆、易挥发商品在卖场内应放空桶或空瓶，巡店时要频繁、重点检查，检查气味是否正常、包装是否有破损；

灯区，不允许私接电源及其他用电器，环境温度应控制在合理范围内，不能过高，没有焦糊等异味。

5.火灾发生后反应措施

火情初起时。火灾发生地附近的员工应使用最近处的消防设施灭火，同时报告店主，但这种情况下，店员不应擅自向向社会火警11

9或社会匪警110报警，这项工作由店主在必须时来做，以免造成混乱。另外火灾发生地的易燃物资必须及时转移。

火势逐渐扩大时。在继续实施灭火的同时，要注意保护人身安全，参与灭火的人员要用湿毛巾或湿布把口鼻蒙上，防止吸入过多有害烟雾而导致昏迷，如果油漆涂料类商品着火要注意拉开一定距离，防止爆炸伤人；通过店内广播通知所有顾客和员工，店内因有小规模火情发生，请大家有秩序撤离，不要惊慌；在疏散完顾客和员工后，如果火情控制不住或现场产生的烟雾过大，则放弃灭火工作，所有参与灭火工作的人员撤离，把封锁该区域的防火卷帘放下。

6.各部门应对火情扩大的撤离工作

收银部。保安要赶到收银区监督撤离工作；收银员把现金抽屉里的十元以上面值的现金全部拿出来装入自己的钱袋内，把钱袋上交收银部经理；关闭收银机，切断收银机等用电设备的电源，然后从距离最近的通道撤离。

金库。保安武装到金库执行安保工作；金库员工首先切断自动点钞器等所有用电设备的电源；把所有现金装入保险箱；金库员工携带保险箱在保安员的保护下从大件出口离开商店

防损部。防损部员工要组织起来到防火通道口维持顾客、员工撤离时的秩序，防止拥挤、践踏和趁火打劫

当日值班经理。在店外停车场维持秩序，已经来到店外的员工要在值班经理的指挥下在离店百米以外的停车场上的安全地带等候指示，不得擅自离开，不得自作主张进店参加灭火，不得向家人、朋友

通报消息，一切行动听指挥。

生活中有些店铺为招徕顾客，装饰豪华、亮丽，采用较多的照明、装饰灯具，夏季使用电风扇、空调降温，冬季使用电热器具取暖。有的还是大功率用电设备，人为增加了用电量。这些都从很大程度上增加了发生火灾的可能性。因此，店铺还要适当控制用电，电线全部穿管，照明灯具均更换成安全性能高的灯具，最大限度地防止火灾的发生。

店铺必须维护顾客的购物安全

在某临街服装旗舰店里，一位戴眼镜的女孩试穿完毕欲出来，结果一头撞在玻璃门上，不但撞得额头起了个包，左边眼镜片也出现了裂纹。如果力道再重一点说不定会有更严重的后果。营业员道歉并解释说，这个地方不是出口，原先是放了模特的，这几天临时被搬走，本来就擦得亮的玻璃又没贴彩条或警示文字、图案，更让人如入“无门之境”。

其实，类似这种玻璃伤人的事件近年来已经屡见不鲜。许多人都曾经与玻璃门“亲密接触”过，更为严重的是，小孩子们总在商场里奔来跑去，容易忽略透明的玻璃门，从而导致撞伤或者刮伤，甚至被厚重的玻璃门夹住，又没有足够的自救能力，后果不堪设想。

除去玻璃门、电梯等隐患，一些商场里光滑的地面、尖锐的柜台边角、拥挤的人流、瘫痪的消防设施都可能成为孩子和顾客的“隐形杀手”。万一发生事故，是我们所有的人都不愿面对与接受的，在受害者承受失去亲人巨大悲痛的同时，商场的负面影响也是无法估量的，我们很难想像顾客会去光顾一个没有安全感的店铺。

那么为了给顾客一个安心安全的购物环境，店铺都应该做好哪些方面的工作呢？首先要做好四个大方面：

1.货架陈设安全。货架必须由易清洗、有韧性材料制作，符合安全标准。在超级市场中，货架过高、货架摆放不稳定、位置不当或棱角突出，都会给顾客造成意外伤害，直接影响企业的整体形象。

2.商品陈列安全。商品摆放不稳定，堆放过高，稍有外力就会掉落或倾倒，给顾客或员工造成意外伤害。

3.超级市场装饰安全。超级市场经营者投入了大量的资金对超级市场的卖场进行装饰，以求创造一个吸引人的购物环境。其中所用的装饰材料种类繁多，有的装饰材料对人体有一定危害，如有毒的化学材料、带放射性的地砖、易碎的玻璃饰物、不牢固的装饰物、很陡的楼梯或台阶等。

4.地面安全。超级市场卖场里的地面过于光滑，顾客容易摔倒。因此要用有一定光洁度的防滑地砖，确保顾客安全，特别是老年顾客和10岁以下顾客的安全。

5.防盗安全。防盗安全也是卖场应尽的义务。顾客购物的过程中，商场正是一个提供服务的过程。所以，在这个时候要求得到商场的保护是不过分的。

另外，一些常用设施的安全保护也必须做到位：

购物车安全。店铺应经常检查购物车／篮是否损坏，比如断裂、少轮子等，是否存在有伤人的毛刺存在。购物车是否被顾客推离停车场的范围。购物车是否停放在停车场内，是否零散地放在停车场内。

铝梯安全。

（1）铝梯只能放在规定的地方，不能存放在通道、紧急出口、仓库门口和销售区域内。

（2）铝梯使用前必须检查梯脚和横档是否安全，如横档断裂，则不能使用。

（3）检查铝梯下的地板是否平整，有无积水、油污等易致滑倒的因素。

（4）铝梯必须100%完全打开平放，不能双脚站在铝梯的最上一层的梯板上操作，应用正确的姿势使用铝梯。

（5）如感觉梯子不稳定时，操作时要请他人帮助固定铝梯。

（6）移动铝梯时，注意不要碰倒上面的商品、消防管道等，以免伤人。

（7）选择适当高度的铝梯，如果作业高度超过2.5米，则不适合使用铝梯。

（8）铝梯高度不够时，不能攀爬货架或用纸箱、椅子等作为铝梯替代物。

（9）坏铝梯必须用明显的标签标明，必须及时维修，不能临时捆绑使用。

还有一些细节也必须做到位：

1.地面平整，必须分出高低层次的，高低部分过渡平缓，台阶式过渡有醒目提示。

2.地面选择防滑、防压、承重、耐磨、易清洗材料铺设。

3.墙面布景悬挂不超过墙壁承重能力。

4.购物通道通畅，标示明确。

5.通道垂直平行交叉布局，宽度主通道不低于2.4米，辅通道不低于1.5米，并保持各个方向通畅。

6.在安全出口、电梯、出入口、通道等设施设置疏散标志、导向标志、警示标志以及告知性标志，对顾客给予引导、提示。

近些年来，公共安全逐渐被重视，尤其是在竞争激烈的零售业。卖场一发生问题，产生负面新闻，除了会让消费者产生不良观感，更重要的，营业额也会受到冲击。对店铺而言，可谓赔了夫人又折兵。净化购物环境，切实负起保护消费者购物安全的责任，也是店铺“品牌含金量”的重要组成部分。